Hanns Cibulka
Seedorn

Hanns Cibulka

Seedorn

Tagebucherzählung

Mitteldeutscher Verlag
Halle · Leipzig

Mit Grafiken von Wilhelm Rudolph

ISBN 3-354-00205-0

© Mitteldeutscher Verlag Halle · Leipzig 1985
2. Auflage
Lizenz-Nr. 444-300/63/87 · 7001
Printed in the German Democratic Republic
Typografie: Peter Hartmann
Reihengestaltung: Hans-Joachim Petzak
Illustrationen: Wilhelm Rudolph
Satz: Offizin Andersen Nexö, Graphischer Großbetrieb,
Leipzig III/18/38
Druck und Bindearbeiten:
LVZ-Druckerei »Hermann Duncker«, Leipzig III/18/138
Best.-Nr. 639 152 9

Den Menschen wichtig nehmen ist Kultur,
den Menschen geringschätzen: Barbarei.

Gerhart Hauptmann

WAS ist es gewesen, das mich nach fünfzehn Jahren noch einmal auf die Insel trieb? Ich war selbst überrascht, mit welchem Eigensinn ich die Reise in die Tat umsetzte. Wie auf einen unsichtbaren Befehl hin packte ich den Koffer und brach auf.

Es war kein gutes Jahr, den Frühling habe ich kaum wahrgenommen, den ganzen Sommer kein einziges Kornfeld gesehen, die Tage waren mit Broterwerb ausgefüllt, dem Aufbau einer neuen Zentralbibliothek. Aber auch das Schreiben ist mir nicht von der Hand gegangen. Hatte ich aufgehört, dem Leben zuzuhören? Die Leitungen waren unterbrochen, die Gespräche nach draußen blockiert, keine Verständigung mehr. Eine eigenartige Müdigkeit war über mich gekommen, eine Lethargie. Vielleicht muß der Mensch bereit sein, auch auf die Leere zu antworten, wenn sie ihn eines Tages überfällt. Wie aber soll man leben, wenn man keine neuen Erfahrungen mehr macht?

Die erste Annäherung geschah wie immer durch das Schiff, in gemessenem Abstand zog es an der Küste vorbei. Zuerst der Gellen, unendlich flach, Sandbänke, die unberechenbar in den Bodden hinausreichen. Der Strand war immer noch da, auch der Sand, Ostseesand, weiß, aber das Wasser, das Wasser. Oder sollte ich mich täuschen? Später die

Strand

ersten Häuser von Plogshagen, aufgemauerte Würfel, weiß gekalkt. Im Norden stößt der Dornbusch noch immer wie eine Faust aus dem Meer. Die Insel, hinsichtlich der Lage längst bekannt, Vermessungen liegen vor, Landkarten, nachprüfbar auch die Namen der Dörfer, die Szenerie der Küste wiederholt schon beschrieben.

Ich näherte mich Kloster ohne innere Anteilnahme. Als ich vom Schiff aus die ersten Häuser sah, kam mir das Wiedersehn fast etwas peinlich vor. So töricht kann doch ein Mensch nicht sein und glauben, die Insel bringe ihm nach fünfzehn Jahren noch einmal etwas zurück.

Noch nie hatte ich Hiddensee bei meiner Ankunft so trostlos erlebt. Die Hauptsaison war vorüber, das Leben in andere Bezirke abgewandert, der Hafen leer. Die Wasser schienen dreckiger geworden zu sein, ein Ölfilm, wo die Schiffe anlegen. Zum erstenmal fühlte ich mich auf dieser Insel wie ein Fremder, sie hatte ein anderes Gesicht. Aber die Möwen waren immer noch da, die frechen, feisten Möwen mit ihren unermüdlichen Losungen auf den Pfählen.

An diesem Abend habe ich nicht wie einst das alte Blockhaus aufgesucht, hoch auf dem Dornbusch; mein Freund, der Landarzt, hatte mir im Gasthof »Wieseneck« ein Zimmer bestellt. Es war noch hell, als ich vom Hafen nach Kloster aufstieg.

Die erste Nacht liegt hinter mir. Der Schlaf war voller Unruhe, ich warf mich von einer Seite auf die andere, Traum und Wachen gingen ineinander über, meine Gedanken waren umflutet vom Meer, immer nur Wasser, Wasser ...

16. September

ICH gehe den altvertrauten Weg zum Dornbusch hinauf, einen schmalen gelben Sandweg.

Es ist Mitte September. Die Gräser sind von einem herbstlichen Braun gefärbt, nur da und dort eine spätblühende Staude, ein Kraut, das aus dem Gras hervorbricht. Aber auch an den Bäumen ist die Jahreszeit ablesbar. Der Herbst hat feurige Farben aus den Ahornblättern geschlagen, gelbe Flekken leuchten auf, die Ränder bedecken sich mit Bronze. Die Birken haben ihre grünen Kleider abgelegt, an den Stämmen sammelt sich der Schutt, das Laub. Die Baumkronen sind durchlöchert, Krähen hängen lärmend in der Luft.

Die Insel: auf der einen Seite das offene Meer, blitzend, tobend, brüllend, auf der anderen der Bodden mit seinem stummen schwarzen Wasser, dazwischen das fahle Land, langgestreckt, das kalkige Weiß der Häuser, ein paar Bäume, Wind, Vogelschwingen und Sand. An den Ufern ist das Wasser glasig, lauchfarben, erst weiter draußen der weißgrüne Schaum. Kein Überfluß an Farben, schnittgerade der Horizont.

Die ersten Zweifel kommen in mir hoch. Ist das wirklich die Insel, die ich vor zwanzig Jahren zum erstenmal betreten habe? Damals war alles noch Aufstieg, eine Fülle von Eindrücken kam auf mich zu: der Dornbusch, dieser Aufschwung aus der

Ebene, von hier konnte man auffahren in den Himmel, aber auch die Fuglöcher im Sand, aus denen die Seeschwalben abstrichen, die Schichtungen im Lehm, ocker, gelb, blaugrau und nicht zuletzt die Muscheln, der Schachtelhalm, die Steine, wie weit liegt das alles zurück. Nein, es ist nicht mehr der Ausblick von einst, in einer fast schon erschreckenden Weise versagt sich mir die Landschaft, das Meer. Da sind Verortungen geschehen, ich nehme Dinge wahr, die mich plötzlich erschrecken. Die Insel ist zersiedelt, aufgeteilt, lauter neue Bungalows, Einfamilienhäuser, kaum noch ein Steinwurf Luft zwischen den Dächern. Mutationen sind eingetreten, vielleicht auch in mir selbst. Ein anderer Geist ist lebendig geworden, das Denken ist härter, schärfer, kritischer. Man legt nicht mehr dort an, wo man vor zwanzig Jahren den Anker ausgeworfen hat.

Ausgerechnet in dieser ausrechenbaren, wirklichkeitsbesessenen Welt bleibt in mir ein Rest, der sich allen Berechnungen entzieht.

Ich erinnere mich an die Zeit, als ich Jahr für Jahr unterwegs war, um neue Landschaften aufzusuchen. Wenn man die Sechzig hinter sich hat, trägt man die Landschaften, die man für sein Leben noch braucht, lange schon in sich.

17. September
ES ist acht Uhr, ich gehe die Treppe hinab in den Speiseraum. An der Tür bleibe ich stehen, der

Raum ist halb leer. Plötzlich sehe ich am Fenster eine junge Frau, die Frühstückskarte in der Hand. Ich traue kaum meinen Augen, langsam gehe ich auf sie zu.

Esther, sage ich.

Sie legt die Frühstückskarte aus der Hand und sieht mich an.

Mein Gott, Jan, wo kommst du denn her?

Ich setze mich zu ihr an den Tisch. Esther hat ein hellgraues Kleid an mit ein paar eingewebten weinroten Fäden, ihre Haut ist windgebräunt.

Jan, wie lange haben wir uns nicht gesehen?

Seitdem du aus Weimar fortgegangen bist, zehn Jahre müßten es sein.

Esther beginnt zu rechnen. Nein, es sind zwölf, genau zwölf.

Nach einer Weile sage ich: Was hat dich nach Hiddensee geführt, die Saison ist doch längst schon vorüber.

Ich lese heute abend im Haus »Seedorn« aus dem »Buch der Leidenschaft«, außerdem habe ich noch vierzehn Tage Urlaub.

Ihre Stimme ist immer noch etwas rauh, schon in Weimar waren ihre Stimmbänder das ganze Jahr hindurch leicht belegt.

Was hältst du von einem doppelten Wacholder als Begrüßungstrunk?

Oder einen Enzian.

Die Kellnerin setzt uns den eisgekühlten Wacholder auf den Tisch, wir trinken uns zu.

Weißt du noch, wie es angefangen hat, sagt Esther. Wir blättern zurück, ganz langsam, zuerst ein paar Seiten, aber dann beginnen wir die Jahre noch einmal von vorn zu lesen ...

Esther wurde in Galizien geboren, so stand es auf ihrem Geburtsschein, auf dem Taufschein der römisch-katholischen Kirche. Ihr Vater, ein Tuchhändler aus Łodz, hatte sich in Krosno niedergelassen; ihre Mutter, eine wohlhabende Jüdin aus dem alten Preßburg, mit einem Haar wie gesträhntes Messing, arbeitete als Lehrerin am städtischen Gymnasium. Als im September neunzehnhundertneununddreißig die deutschen Panzer das Land überrollten, hat ihr die Haarfarbe das Leben gerettet, kein SS-Mann vermutete unter diesem blonden Schopf eine Jüdin.

Nach dem Krieg gingen die Geschäfte ihres Vaters schlecht, er meldete Konkurs an. Zehn Jahre später, als in Galizien in einigen Kreisen der Bevölkerung eine neue antisemitische Haltung spürbar wurde, packte ihre Mutter die Koffer – der Vater war bereits tot – und reiste mit der Tochter zu ihrer Cousine nach Weimar.

Wir erzählen und denken gar nicht an das Frühstück, das bereits auf dem Tisch steht. Vergangene Erinnerungen werden wach, die Jahre in Weimar.

Esther wurde als Elevin am Nationaltheater eingestellt. Im ersten Jahr gab man ihr ein paar kleine, unbedeutende Rollen in den Kammerspielen, in der Operette. Die deutsche Sprache bereitete ihr keine Schwierigkeit, in ihrem Elternhaus hatte man polnisch und deutsch gesprochen, auf der Straße, unter den Kindern auch etwas jiddisch. Dann aber begann sie zu arbeiten, Tag und Nacht, und der Traum, den sie einst an der Schauspielschule in Krakau geträumt hatte, wurde Wirklichkeit. Sie bekam die ersten größeren Rollen, war wie besessen von der Arbeit, sie hatte aus ihrer alten Heimat etwas mitgebracht, das den anderen fehlte: Begabung.

Erinnerst du dich noch, sagt Esther, als ich das erstemal zu dir in die Stadtbibliothek kam?

Ich sehe dich noch heute vor den Schallplatten stehen, du hattest einen dunkelblauen Rock an und eine weiße Bluse aus Batist.

Ich weiß, ich suchte Aufnahmen aus dem Burgtheater, Hebbel, Schiller, Kleist. Keiner wußte, wie schwer mir die Arbeit fiel, das Studium der Texte, die Proben, die Aufführungen.

Esther hatte schon damals in ihrem Wesen etwas Anziehendes und zugleich auch etwas Abweisendes. Zwischen uns bestand ein äußerst kühles Verhältnis. Es änderte sich schlagartig, als ich ihr eines Tages von meiner Begegnung mit Halina erzählte. An diesem Tag begann unsere Freundschaft. Eines Abends lernte sie in meiner Wohnung meinen Freund Christian kennen. Er arbeitete als Bibliothekar an der Landesbibliothek. Es war vor allem ihre Mutter, die Gefallen an dem jungen Mann fand und ihrer Tochter zuredete. Ein Jahr später hat man geheiratet, ich wurde Trauzeuge.

Mitten in unsere Erinnerungen hinein sagt Esther: Jan, kannst du mir sagen, warum wir uns in den letzten Jahren kaum noch gesehen haben?

Ich bin Christian auf den Tagungen des Bibliotheksverbandes wiederholt begegnet, wir saßen oft an den Abenden beisammen bei einer Flasche Wein.

Aber die Briefe wurden seltener, schließlich tauschten wir zu Weihnachten nur noch einen Kartengruß.

Seitdem du deine Zelte für immer in Berlin aufgeschlagen hast, haben wir uns aus den Augen verloren, wie man so schön sagt.

Das wird sich in den kommenden Tagen ändern, ich wohne bei einer befreundeten Familie drunten am Hafen, ich habe dir manches zu erzählen.

Esther steht auf.

Sei mir nicht böse, Jan, ich muß für meine Lesung noch etwas vorbereiten, ich hoffe, wir sehen uns am Abend.

Es ist ein stiller, warmer Septemberabend, ich trete über die Terrasse ins Haus, die Fenster zum Garten hin stehen offen. Hauptmanns Arbeitszimmer ist bis auf den letzten Platz besetzt.

Esther hat nicht hinter dem schwarzen, wuchtigen Schreibtisch Platz genommen, sie sitzt in einem Korbsessel. Ich sehe sie an: das blonde Haar, der sichtbare Ansatz der Backenknochen, die Augenlider grün getuscht, der Lidrand ist mit einem schwarzen Stift behutsam nachgezogen. Sie nimmt das Buch in die Hand und liest ...

»Der Bewahrer dieses Tagebuches stammt aus einer französischen Flüchtlingsfamilie. Seinen Namen verrate ich nicht, da er ihn mit dem versiegelten Manuskript, das sein Nachlaß enthielt, nicht in Verbindung gebracht sehen will. Deutlich gesprochen: er verleugnet das hier zum erstenmal der Öffentlichkeit unterbreitete Tagebuch. Mit welchem Recht, entscheide ich nicht. Über die Gründe ließe sich streiten. Ich würde im gleichen Falle nicht so handeln. Leben, Lieben, Leiden ist allgemeines Menschenlos, und indem man dem Leben, Lieben und Leiden Worte verleiht, spricht man im Persönlichen doch nur das Allgemeine aus ...«

Das Schauspielerische, das Sich-Darstellende tritt bei Esther heute abend in den Hintergrund, keine plastischen Gebärden, die das gesprochene Wort untermalen, keine Übersteigerung in der Wortbetonung, eher ein Aussparen zwischen den einzelnen Wortfolgen, alles ist Verhalten, ohne Pathos.

Ja, das ist das Buch, das ich vor vielen Jahren selbst einmal gelesen habe. Ich höre Sätze, die mich von neuem aufhorchen lassen, Worte, die mich unmittelbar ansprechen. Was habe ich damals, vor fünfunddreißig Jahren, nur gelesen? Ich erinnere mich, es war im Lesesaal der Ernst-Abbe-Bücherei zu Jena. Meine ganzen Träume, Wunschvorstellungen legte ich damals in die Aufzeichnungen; heute bringe ich meine eigenen Erfahrungen mit ein. Es ist derselbe Text und doch nicht mehr derselbe, die Lebenslandschaft ist eine andere geworden.

Und wieder höre ich auf Esthers Stimme: »Der Bergfried, wie Anja und ich unser Asyl in Waldbach nennen wollen, ist durchaus eine Gründung für sich. Er steht nach Bestimmung und Lage außerhalb des Bürgertums. Er hat einen festen gedrungenen Turm, der die Dämonen schrecken und einer Welt von Feinden Trotz bieten soll. Er riecht nach Wehrgängen, Bastionen und Schießscharten. Sein Inneres, wenn erst der Bergfried einmal bewohnbar ist, denke ich mir heimlich-unheimlich, eine Stätte bedrohter Sicherheit ...«

Ich weiß, daß es dem Autor in diesem Buch nicht allein auf die beiden Frauen ankommt, auf Melitta und Anja, ihre Namen sind austauschbar. Der Verfasser spricht von der Lebenskrise eines Menschen, der den anderen Menschen sucht, zugleich aber auch flieht. Lebenskrisen sind immer auch Krisen des Denkens. Die Lebensbasis des Tagebuchschreibers mußte eine andere werden, wenn er überleben wollte.

Als Esther das Buch aus der Hand legt, ist es still, sehr still, aber dann kommt der Applaus, minutenlang ...

Der Turm in der Literatur: Hölderlin – ein Vergessener im Turm; Hofmannsthal – der Turm als Gefängnis; Hauptmann – eine Stätte bedrohter Sicherheit.

Wissen wir überhaupt noch, was der Turm ursprünglich für den Menschen bedeutet hat, war er nicht immer schon ein Symbol für den Aufbruch? Der Mensch hat sich Türme gebaut, um dem Himmel näher zu sein. Heute sehen wir nur noch hinauf zum Zifferblatt, um die Zeit abzulesen, und schrecken zusammen, wenn wir feststellen, daß es fünf Minuten vor zwölf ist.

18. September

ICH weiß noch immer nicht, warum ich in der vergangenen Woche die Fahrt nach Hiddensee angetreten habe, irgend etwas hat zu mir gesagt: fahr hin.

Meine innere Landschaft ist dieser äußeren Landschaft fremd, entgegengesetzt. Hier gibt es kein Verharren in der Form, hier ist alles Wind, Weite, Bewegung, ein Brauen und Sichballen von Wolken, eine Verflechtung von Sonne, Wasser und Land. Aus dieser Insellandschaft kann man kein Stück herausbrechen und sagen: das ist Hiddensee. Was mich die Insel lehrt, ist Unruhe, Spannung, Bewegung, ich sehe das Meer mit seinen langgezogenen, anreitenden Wellen, dieses Kommen und Gehen, das Sichüberrollen ...

Mir geht es heute nicht mehr um die Schönheit einer Insellandschaft, um ihre Vielfalt, mir geht es ganz einfach um eine neue Intensität, Lebensintensität.

Gegen elf Uhr kommt die Sonne heraus. Es ist die Zeit, wo der Himmel aufreißt oder die Insel für den Rest des Tages im Nebel versinkt.

Esther und ich gehen den Dornbusch hinauf. Wir haben kein Ziel, langsam nehmen wir die Steigung. Der Sandweg zieht sich auf dem Rücken des Berges nach Norden, es ist ein Weg, für den man sich Zeit nehmen muß.

Der Laubwald ist durchsichtig geworden, wie eine leuchtende Folie liegt die Atmosphäre über dem Meer. Langsam wird es blau. Unter uns der

Strand, weißgrau, verlassen, als hätte ihn nie ein Menschenfuß betreten.

Vor Jahren noch hatte ich den Wunsch, die Hand nach diesem oder jenem Blatt auszustrecken, in die Blütenpracht einer Dornenhecke zu greifen, eine blühende Kamille zwischen den Fingern zu zerreiben, irgend etwas festzuhalten in der Hoffnung, daß es Bestand hat. Heute – kein Wunsch zuckt mehr durch die Hand, keine Rindenrauheit, Rindenglätte, das alles lockt nicht mehr, verführt nicht, und dennoch nimmt das Auge mit sinnlichem Begehren die Landschaft in sich auf.

Unser Gespräch kommt nur langsam voran, hier ein Wort, dort ein Wort, Esther scheint mit ihren Gedanken ganz woanders zu sein, ich weiß nicht wo, ich möchte auch nicht fragen, es steht mir nicht zu.

Über den Hang flattert ein verspäteter Schmetterling. Plötzlich bleibt Esther stehen und zeigt mit der Hand nach oben. Ein Bussard schwebt über dem Dornbusch, hängt sich in den Wind, läßt sich tragen, nützt die steigende, die fallende Luft, die von der Steilküste kommt.

Vor ein paar Tagen habe ich den Bussard schon einmal beobachtet, sagt sie. Fast könnte man glauben, es seien die Schwingen, die bei einem solchen Vogel denken, alles ist von einer stillen Nachhaltigkeit, Wirksamkeit. Diese Ruhe, diese Ausgeglichenheit haben wir bei unseren Flügen noch lange nicht erreicht, die Besonnenheit des Schwebens.

Plötzlich zieht der Bussard eine Schleife, streicht glänzend davon. Er schreit.

Nach dem Mittagessen lege ich mich auf das Sofa und bin nach wenigen Minuten eingeschlafen. Als ich aufwache, finde ich mich in einem erschreckenden Zustand wieder; ich liege mit offenen Augen auf der Couch, bin hellwach, erkenne das Fenster, die Tür, die Vorhänge mit den rostroten Farbtupfen, doch meine Arme und Beine sind wie gelähmt, ich kann sie nicht bewegen. Ich möchte schreien, aber auch die Lippen versagen mir den Dienst. Plötzlich ist mir, als kehre etwas Unsichtbares zurück, das meinen Körper während des Schlafes verlassen hat, ich spüre, wie es in mich wieder einfällt. Ich stehe auf und gehe durch das Zimmer, als wäre nicht das geringste geschehen.

Seit Tagen geht mir ein Wort von Hauptmann nicht mehr aus dem Kopf: »Wir müssen uns als Mensch zu unserer eigenen Existenz bekennen und nicht nur zu einer bestimmten Gestalt.«

19. September
DER Himmel ist zugezogen, kein Wind, auch nicht der leiseste Atem des Meeres. Deutlicher als sonst sind bei dieser Stille die Grundströmungen erkennbar, die in mäanderischen Formen die unteren Wasser durchziehen.

Ich erinnere mich: es begann mit einer Landkarte. Wir beugten uns über den Tisch, zwischen unseren Köpfen nichts als das Licht vom Fenster.

Ich wanderte mit dem Zeigefinger von Ort zu

Ort. Hier ist Dubno, sagte ich zu Esther, und hier, etwas südlich, am Fuß der Wolynisch-Podolischen Platte liegt Kremenez. Und plötzlich war alles wieder da. Ich erzählte Esther von meiner Liebe zu Halina, von den Abenden am Lehmofen, von Halinas Mutter, die auf der Ofenbank saß und strickte, von den ukrainischen Bäuerinnen, die mit ihrem Panjewagen vom Land herein in die Stadt kamen, aber auch von der Wehrmachtsstreife erzählte ich ihr, die Tag und Nacht unterwegs war, um jene Soldaten festzunehmen, die bei polnischen Familien aus und ein gingen ...

An diesem Abend begann unsere Freundschaft. Esther lebte damals noch mit ihrer Mutter am Rande der Stadt, in einer kleinen Zweizimmerwohnung mit Küche und Speisekammer. Die Zimmer waren möbliert, noch hatte man nicht das Geld für eigene Möbel, die Fenster waren schäbig, die Farben abgeblättert, die Wände schlecht tapeziert, aber – man lebte ohne Anspielungen.

Wir gingen oft miteinander spazieren, entlang der Ilm, schon damals kein klarer Fluß mehr, aber immer noch belebt mit Wasservögeln und Tauchern. Wie oft haben wir uns in den Schatten der Bäume gesetzt, dort, wo heute noch die uralten Baumgruppen stehen und dazwischen die kurzgehaltenen Grasflächen liegen, wo es die offenen Durchblicke gibt, die Lichtungen. An manchen Tagen wanderten wir die alte Dorfstraße entlang, an Goethes Gartenhaus vorbei, bis nach Belvedere. Es kam aber auch vor, daß Esther noch am späten Abend bei mir vorbeikam. Jan, sagte sie dann, laß deine Arbeit liegen, ich muß mit dir reden. In diesen Stunden mußte ich ihre Welt immer wieder ins Lot bringen, ich wußte, wie schwer es für sie war, in einem Land, das ihr von Kindheit an fremd war, Boden unter den Füßen zu bekommen. Es dauerte Jahre, ehe sich Esther in Weimar halbwegs zu Hause fühlte.

Weimar war damals noch eine stille Stadt, da gab es keinen internationalen Tourismus, keine Kongresse, da bewegte sich nicht viel, am Stadtrand ein paar langweilige Villen mit Vorgärten und am Abend ein paar verlassene Fußgänger in den Straßen, da sah man die Tage noch kommen und gehen, die Fenster zur Welt waren noch nicht aufgestoßen, erst später fing es an, in den Mauern dieser Stadt unruhig zu werden.

Heute sage ich mir: eine schöne Zeit damals mit Esther, kommt nicht mehr wieder, da ist man dem anderen noch ein Stück entgegen gegangen, da wurde das Glück auf dem Rummelplatz noch ausgerufen: Meine Damen, meine Herren, treten Sie ein, sechs Schuß für eine Mark! Noch nie war das Schießen in diesem Land so harmlos. Um Mitternacht gingen wir mit unseren Papierblumen durch die Stadt, hatten eine Puppe im Arm, einen Bären, in der Rocktasche eine Flasche vom billigsten Schaumwein ...

Ist es wirklich nur das Gedächtnis, das unsere Erinnerungen speichert? Es gibt Erinnerungen, da sind auch die Gefühle plötzlich wieder da, die ganze Atmosphäre, das Fluidum ...

See im Herbst

20. September

ES gab eine Zeit, da lehrte mich die Insel sehen. Alles, was damals auf mich zukam, war voller Intensität, doch in den letzten Jahren haben die Bilder ihre Farben eingebüßt, die Zeichen, die ich heute lese, sind nicht mehr die Zeichen von einst.

Damals, es war Anfang der sechziger Jahre, als ich einen ganzen Sommer auf der Insel verbrachte, spürte ich noch die Sonne, das Wasser, den Wind, heute begleitet mich auf Schritt und Tritt das Wissen um jene furchtbaren Dinge, die durch uns hindurchgegangen sind. Damals war vieles noch im Gleichgewicht, das Leben in den Flüssen, im Meer, jedes Tier, jede Pflanze spielte die Rolle, die von der Natur ihnen zugewiesen war, man brauchte noch keine Erklärungen abzugeben über den Quecksilbergehalt der Ostsee, den Gehalt an Schwefeldioxyd, da waren die Zeichen, die uns die Natur gegeben hat, noch Zeichen und keine Warnungen.

»Von einem gewissen Punkt an kann man nicht mehr zurück«, sagt Kafka. Haben wir den Punkt des Nicht-wieder-gut-zu-Machenden etwa schon erreicht?

Die alten Griechen würden sagen: die Götter haben ihre Hand von der Insel zurückgezogen.

Mit einer bedenklichen Ruhe ist der Nachmittag über die Insel gekommen, alles ist still, auf der Dorfstraße, im Hafen. Plötzlich reißt es am Dachstuhl, das Holzwerk beginnt zu knarren, irgend etwas bringt Unruhe ins Land, eigenartige Laute sind in der Luft, Bewegung in den Ästen, die Dachbodenfenster schlagen zu.

Wir gehen die Straße hinab an den Strand, unter einem Himmel, der langsam dunkel wird. Von der offenen See her stampft es herein, bricht sich am Dornbusch, nimmt Anlauf, stürmt den Kiefernwald hinauf. In den Baumkronen ein dunkles Rauschen, Knarren und Biegen, dann wieder ein Seufzen, morsche Äste schlagen zu Boden.

Es ist ein warmer, feuchter Wind, lauter schwüle Luftmassen führt er der Insel vom Süden her zu, man atmet sie ein wie alte, verbrauchte Luft.

Wir bleiben stehen. Vor dem Steinwall ein aufgebrachtes, zottiges Meer. Die Wellen schlagen an den Damm, fallen klatschend auf die Steine, die See, ein Dampfkessel, überall brodelt es, Wellenkämme, weiß und schaumig. Eine halbe Stunde später ist alles zugezogen, kein Himmelsgewölbe mehr.

Am Horizont ein Schiff, ein Gespensterschiff.

Die ersten Regenschauer kommen von der See her ins Land, nur im Süden der Insel, über dem Gellen, ist alles noch hell. Lichtschwingen über Stralsund.

Mit der Geste einer Hausdame geht die schwarze Katze die Treppe hinauf und hinab, bleibt vor dem Gästezimmer stehen, horcht, geht weiter, in der Diele springt sie mit einem mächtigen Satz auf den Tisch, setzt sich vor die Vase und schlägt mit den Tatzen die orangenfarbenen Sanddornbeeren von den Zweigen.

21. September

NACH dem Frühstück drängt es uns aus dem Haus. Wir haben kein Ziel, wir wollen auch nirgends ankommen, weder am Enddorn, noch drüben am Bessin. Wir gehen den Dornbusch hinauf, ganz langsam, setzen Fuß vor Fuß, kaum daß uns die Steigung bewußt wird. So gehen wir aufwärts, bis unser Blick an Raum gewinnt: wir sehen das Offene, die Leere des Himmels, das Meer mit seinen blauen und grünen Feldern, dazwischen ein paar weiße Säume, dann wieder Flächen von einem schiefrigen Grau. Keine Fußtritte im Sand, der Weg unbetreten.

Plötzlich riecht es nach Pilzen, wir bleiben stehen. An einem morschen Baumstamm, wie gesät, der Tintling, Fliegenpilze leuchten aus dem Unterholz, ziegelrote Schwefelköpfe.

Ich sehe Esther von der Seite her an. Das Leben hat ihr Gesicht noch nicht gezeichnet, die Haut kennt noch nicht die Schlaffheit der Abnutzung. Und wieder kommt das Vergangene auf mich zu. Schon in Weimar spürte ich in ihrem Wesen eine ferne Verwandtschaft mit Halina. Sind es die dunklen Augen, die vorstehenden Backenknochen, eine Gleichheit, die voller Ungleichheit ist. Galizien, denke ich, und dahinter liegt Wolynien.

Esther muß etwas gemerkt haben, sie sagt: Jan, noch immer nicht heimgekehrt, noch immer unterwegs, auf der Suche nach einem Kremenez?

Wie kommst du darauf, sage ich.

So etwas fühlt man. Nach einer Weile: Ich weiß, was du ein Leben lang gesucht hast, eine Frau, die aus dem Zwischenland kommt, wie man bei uns zu Hause immer gesagt hat, von den abgelegenen Dörfern, eine Frau, die noch etwas mitbringt, das wir bereits verloren haben.

Sprich weiter, sage ich.

Es sind Frauen, die nicht viel reden, die ganz einfach mit dir gehen, ohne viel zu fragen, die dir die Augen offenhalten, du brauchst ihnen nichts zu erklären, sie wissen, auf was es ankommt, was mit dir los ist.

Ich winke ab.

Der Weg läuft weiter nach Norden. Der Herbst läßt uns die Abgeschiedenheit spüren, die er ins Land gebracht hat. Zwischen den Bäumen das Meer, blaue Farbsplitter, doch neben dem Weg weggeworfene Plastikbeutel, leere Zigarettenschachteln, gelbes Stanniol, lesbar der Name Elbflorenz.

Nach einer Weile sage ich: Hast du heimgefunden in Berlin?

Es ist die Arbeit, die mich hält, das Schauspielhaus, der Film, nicht die Stadt.

Wir gehen weiter. Unerwartet greift Esther nach meinem Arm: Jan, da geht man Jahr für Jahr die Allee »Unter den Linden« entlang und plötzlich stellt man fest, daß man mit dieser Stadt, mit diesen Straßen, dem Reiterstandbild Friedrich II. überhaupt nichts Gemeinsames hat, daß man von ganz woanders herkommt. Es sind die Jahre in Galizien, die mich auch heute noch tragen. Schlagartig wird dir bewußt, daß man in seinem Herzen eine andere Sprache spricht. Ich hatte zwar immer ein Dach über dem Kopf, doch irgend etwas ist mir seit damals verlorengegangen, schwer zu sagen, was. Ich kann es dir nicht erklären, irgendwie hat mir die Zeit das Eigene verstellt.

Betroffen bleibe ich stehen.

Ich kenne das, immer nur ein Dach über dem Kopf, aber nie ein Zuhause.

Du kennst ja unseren Sommer, die staubige Ebene, den Sand, den ausgeglühten Himmel, die blassen Zirren, und dann die Gärten, wo die schwarze Johannisbeere kocht. An manchen Tagen ist der Himmel düster, dann wieder leer, erschreckend in seiner Leere, als hätte er damals bereits gewußt, was eines Tages auf uns zukommen wird. So etwas vergißt man nicht. Es gibt Tage, Jan, da steigt es immer wieder hoch, wie das Grundwasser, das aus dem Boden kommt. Wohin du auch gehst, nach Weimar oder nach Berlin, schlagartig ist es wieder da.

Ich weiß, es muß heiß und trocken sein, die Luft über den Dächern muß vor Hitze flirren, ein Streichholz genügt, um einen ganzen Kiefernwald in Brand zu stecken, an solchen Tagen kommt es auch auf mich immer wieder zu: Paestum, Messina, Syrakus.

Der Weg wird schmal. Ich gehe voraus, halte da und dort einen Ast, damit er nicht zurückschnellt. Hinter der Hucke, wo der Weg wieder breiter wird, gehen wir Arm in Arm, nicht wie ein Liebespaar, nein, wir gehen wie zwei alte Freunde.

Esther macht mit der Hand eine Bewegung. Du weißt, das Leben in Galizien war immer schon etwas dürftig, viel Geld hatten wir alle nicht, doch jeder gab dem anderen etwas ab, einen Laib Brot, eine Schüssel Mehl, ein paar Eier, es war seit Generationen zwischen den Menschen so üblich. Wir wußten noch, was es heißt, dem anderen eine Gabe geben. Glaub mir, dieses Land hatte fast etwas Biblisches. Die Armut, Jan, ich habe sie nicht vergessen, doch es war Armut, kein Elend, das ist ein himmelweiter Unterschied. Es gab für die Menschen immer noch einen Ausweg, sie lebten vom Ausgleich. Und noch etwas, wir haben damals noch nicht den Neid gekannt, irgendwie nahmen wir das Leben noch an, wir haben auch nicht an ihm vorbeigelebt, vorbeigedacht.

Nicht immer gibt ein Wort das andere, nicht immer ist unser Gespräch im Fluß, manchmal bleibt eine Frage unbeantwortet stehen, man weiß, sie geht nicht verloren, irgendwann nimmt man sie wieder auf, ja selbst die Pausen können dem anderen noch etwas sagen, auch Stille kann Verständigung sein.

Nach einer Weile sagt Esther: Polen, das glückliche Land der Anarchie? Wer hat das nur gesagt, ich glaube, es war ein Deutscher. Bestechung, Übergriffe, Korruption, es gab Dreck in den Hinterhöfen, die Mauern waren mit Schorf bedeckt, Wasserlachen standen vor der Haustür, aber erst heute wird mir bewußt, daß für mich die ganze Welt in diesem Flecken Erde eingeschlossen war.

Wir treten aus dem Wald. Verwundert bleiben wir stehen. Auf einer Wiese Pilz neben Pilz, es ist der Phallus impudicus. Wir erkennen ihn an dem glockenförmigen Hut mit seiner wabenförmigen Struktur, an dem weißen, manchmal auch cremeblassen Schleier am unteren Rand. Diese Pilze stehen da, aufrecht, wie der Phallus selbst.

Ich weiß nicht, an welchem Tag es angefangen hat, das Zurückblättern, ich kann es dir nicht sagen. Plötzlich liegt das Land, in dem man aufgewachsen ist, wie hinter einer hohen Mauer und für die Menschen, die fünfzehn oder zwanzig Jahre später geboren wurden, gar nicht mehr wahrnehmbar. Ich erlebe es bei meinen Kindern Tag für Tag. Sie haben noch nie einen Schneidermeister bei der Arbeit gesehen, sie wissen gar nicht, was es heißt, Maß nehmen für einen neuen Anzug, von einer rauchigen Schmiede ganz zu schweigen, wo man die Gäule beschlägt, sie können sich unter einer Weißnäherin überhaupt nichts vorstellen, es ist, als wäre meine Zeit spurlos aus der Welt gegangen. Irgendwie habe ich das alles noch behalten, und je älter ich werde, desto deutlicher steht es vor meinen Augen wieder auf, um so näher rückt es an mich heran. Wer in einem solchen Land geboren wird, Jan, bekommt schon als Kind etwas mit, das vielen Kindern bei uns heute fehlt: Vorstellungskraft, Phantasie.

Mit deiner Heimat, sage ich, ist nicht nur den Polen, da ist auch den Ukrainern und nicht zuletzt den Juden etwas verlorengegangen, das unauffindbar bleibt.

Ich weiß, sagt Esther, heute sage ich nicht mehr Randerscheinung, Zone, wir haben keineswegs an der Peripherie des Lebens gelebt, vielleicht am

Rand der Geschichte, doch dem Leben war ich näher als hier in Berlin.

Und weißt du auch warum? Weil deine Liebe stärker war.

Jan, ich rede nicht von der Liebe, ich rede von einer Wahrheit.

Esther bleibt stehen, reißt ein farbiges Ahornblatt vom Baum und sagt: Vielleicht wurden in unserem Leben viel zuviel Äste abgebrochen, vielleicht sollte man noch einmal aufstehn und den Weg zurückgehen bis zu den Wurzeln. War es nicht Hauptmann, der einmal schrieb:

In immer neue Fernen mich verzücken,
war meines Fortschritts tägliches Beteuern.
Du irrtest, denn die Quelle liegt im Rücken.

Den Kiel gewendet, laß uns rückwärtssteuern:
gelassenen Wandels schreiten wir zurücke,
Geschehnes bis zum Urgrund zu erneuern.

22. September

TAG und Nacht streicht der Wind vom Meer her ins Land, kaum steht die Luft einmal still, immer ist sie in Bewegung, da ist ein Ziehen, Strömen, Steigen und Fallen, da gibt es Wirbel und Soge.

»Wind. In der Meteorologie streng genommen nur Bezeichnung für waagrechte Luftströmungen, doch werden ganz allgemein auch die Luftbewe-

gungen, die durch Gelände-, mitunter verbunden
mit Temperatureinfluß, einen senkrechten Richtungsanteil erhalten haben, d. h. schräg aufwärts
oder abwärts verlaufen
 (Fallwind,
 Berg- und Talwind,
 Föhn,
 Bora),
als Wind bezeichnet.« So und nicht anders steht es
im Brockhaus. Es gibt aber auch Winde, die man
vergebens in einem Nachschlagewerk sucht:

Der Schleifwind, der alles glatt schleift, Baumrinden, Felskanten, er raspelt mit den Sandkörnern
ganze Steinpfannen aus;

der Schneefahnenwind. Tag und Nacht trägt er
seine eigene Fahne vor sich her;

der Gegenwind, der auf Wiedervereinigung hofft
und nicht weiß, daß entgegengesetzte Winde, die
aufeinandertreffen, den Wirbelwind auslösen;

der Aufprallwind, der sich beim Aufprall an den
Häuserwänden verdichtet, explodiert und nach
verschiedenen Richtungen abspringt;

der Rockwind, einer der wenigen Winde, der von
unten kommt und die Mädchenröcke hochweht;

der Springwind, er ist plötzlich da, springt dich an,
flüchtet, um an einer anderen Straßenecke wieder
aufzutauchen;

der Stoßwind, ein Wind, der keine Ausdauer besitzt und nach einem kurzen Wettlauf mit sich selbst zusammenbricht.

Auf dem Tisch steht eine Azalee. Ich setze mich auf den Stuhl und beobachte mit äußerster Konzentration die Pflanze, den kleinen Stamm, das Astwerk, die Blätter. Ich gebe mich ganz dem inneren Gleichgewicht, den aufsteigenden Gedanken hin.
Plötzlich fallen aus der Luft kleine rote Blüten und setzen sich wie Schmetterlinge in den Azaleenstrauch. Die Intensität des Bildes ist so stark, daß ich an seiner Realität überhaupt nicht zweifle.
Ein paar Sekunden später ist der Blütenregen vorbei. Ich kehre zurück in die Zeit, sehe den Schrank, den Stuhl, den Tisch, den Blumenstock, die Blätter ...

Meditationen haben ihre eigene Realität; die Bilder scheinen unergründlich und sind doch mit allen Fibern faßbar.

23. September
IN der Morgenstunde hatte ich einen seltsamen Traum: da ist hinter dem Haus wieder der Hof, das Gras, der Obstgarten, an den Sträuchern hängen die Johannisbeeren, der Weichselbaum ist mit Kirschen beladen, an der Sonnenmauer prangen die Marillen. Ich taste mich bis an das Gartentor, öffne die Pforte, meine Sohlen berühren kaum das Gras,

ich muß leise gehen, damit mich die Schlafenden im Haus nicht hören. Ich sehe durch das Fenster und versuche, durch das blind gewordene Glas die Dinge in der Küche auszumachen. Ich möchte weitergehen, suche den Schlüssel zur Tür, eine rätselhafte Helligkeit kommt über mich, die Seele wird von einem Weinen geschüttelt, ich wache auf ...

Der Himmel ist wolkenlos, man riecht die Morgenbrise, doch am Horizont, über dem Bodden, eine beginnende Eintrübung, Nebelfelder.
 Auf Hiddensee sind Luft und Erde immer feucht, keine knisternde Trockenheit, die Farben gehen ineinander über, verschwimmen. Es ist nicht das gesättigte Licht, das zu dieser Jahreszeit am Schwäbischen Meer über den Weinbergen liegt, ein Licht, funkelnd von den Schneefeldern des Säntis, hier ist immer noch etwas von dem, das aus der Vorzeit des Menschen kommt: Nifelheim.

Die Frage nach dem Sinn der Reise drängt sich mir von neuem auf. Irgendwo im Schoß der Insel muß noch eine Erinnerung ruhn, eine Stimme, die mich gerufen hat.

24. September

UNMERKLICH gleitet man von einem Lebensalter in das andere, mit erschreckender Eindringlichkeit kommen die Jahre auf dich zu, schlagen die Bilder der Vergangenheit die Augen in dir auf. Ich brauche die Lider nur zu schließen, dann sehe ich an den Mauern meines Vaterhauses den Marillenbaum blühen.

Ich kann nicht sagen, wie es gekommen ist, daß ich sechzig Jahre alt geworden bin, aber ich weiß, daß der Mensch nur mit fürchterlicher Langsamkeit sich selbst und seine gelebten Jahre begreift.

Ist es möglich, diese zwanzigtausend Tage wie ein Mosaik zusammenzusetzen? Was muß man tun, damit das Undeutliche deutlich, das Unergründliche nicht grundlos wird?

Was ist das, die Biographie eines Menschen? Woher kommt das Leitmotiv, dem man sich ein Leben lang unterordnet, das Sichtbare, das Unsichtbare, all das, was Form und Gestalt in uns annimmt?

Es genügt nicht, wenn man in einer Biographie immer nur die sichtbaren Seiten eines Lebens aufschlägt, anthropologisch oder genetisch denkt, auch das, was »flutend strömt, gesteigerte Gestalten«, sollte ablesbar sein. In jedem Leben gibt es Knoten, Verstrickungen, unterirdische Ströme, die plötzlich an die Oberfläche treten, es gibt Brennpunkte, an denen sich das Leben entzündet, Impulse, die Welt und Kosmos an unser Denken und Handeln herantragen. Aber auch dem Rhythmus sollte man im Leben eines Menschen einmal nachgehen, den Zeitabständen, die zwischen den entscheidenden Erlebnissen und Begegnungen liegen. Jedes Erlebnis hat seine geistige Achse, um die es sich bewegt. Aber auch darauf kommt es an: dem Gesetz des Lebens gerecht werden. Biographie heißt immer auch innere Notwendigkeit.

Allein der Mensch besitzt die Fähigkeit, sich über seinen Lebenslauf ein Bild zu machen, ein Lebensbild, er will den Metamorphosen seiner eigenen Persönlichkeit auf den Grund kommen.

Die Biographie eines Menschen, gleicht sie nicht einem Eisberg? Zwei Drittel des Berges schwimmen unter der Wasseroberfläche, unsichtbar.

Mittagessen im Restaurant »Hitthim«. Esther stochert mit ihrer Gabel lustlos im Fisch herum, ich weiß, sie ißt keinen Karpfen blau. In ihrer Heimat wurden die Fische paniert und gebacken. Nach einer Weile schiebt sie den Teller zur Seite.
Esther will am späten Nachmittag mit der Fähre für ein paar Tage hinüber auf die Insel Rügen, ihr Schwager arbeitet als Lehrer in Schaprode.

25. September
DER Vormittag ist still, die Luft ganz mild. Vor meinen Augen die herabstürzenden Wälder, die Anhöhen und Mulden, die Steilhänge. Kein Mensch ist mir bisher begegnet, kein Vogel im Geäst, auch keine Möwen, ich höre nichts als den knirschenden Sand unter den Sohlen.

Aus dem Wald, wo ein paar dünne Nebelschwaden zwischen den Baumstämmen stehen, tritt plötzlich ein Mensch. Ein verspäteter Urlauber, sage ich mir. Als die Gestalt näher kommt, kaum einen Steinwurf weit entfernt an mir vorübergeht, traue ich kaum meinen Augen. Dieser Mann gleicht von Kopf bis Fuß dem alten Gerhart Hauptmann, dem Achtzigjährigen, ich habe ihn in Breslau ja selbst noch gesehen. Er trägt einen hellgrauen Anzug, Knickerbocker, karierte Strümpfe. Ich sehe seinen mächtigen Schädel, das weiße Haar, unverkennbar sein Porträt. Unwillkürlich geht meine Hand nach der Stirn: kein Fieber, auch der Puls ist normal.

Ich sehe den alten Herrn über einen herabgefallenen Ast hinwegsteigen, ich sehe ihn ganz deutlich, obwohl er den tiefer liegenden Weg geht, deutlicher kann man auf diese Entfernung einen Menschen gar nicht wahrnehmen, es ist auch kein Nebel mehr zwischen den Bäumen, es ist taghell, vormittags. Er bleibt an der Steilküste stehen, blickt hinaus auf das Meer, nach einer Weile greift er mit der rechten Hand in die Seitentasche, holt einen Notizblock hervor, einen Bleistift, ich sehe, wie er sich etwas aufschreibt, notiert, dann steigt er die Stufen hinab, die hinunter an den Strand führen.

Plötzlich ist alles vorbei, die Hagebutten leuchten rot, im Schlehengeheck stehen dunkelblau die Beeren, die Windflüchter sind auch wieder da, ja selbst der Eichelhäher, der schreiend an mir vorbeifliegt, alles ist wieder zählbar, nachweisbar.

Ich frage mich: wer mag dieser Fremde nur gewesen sein? Wäre es ein grauer, nebliger Tag, ich würde an eine Täuschung meiner Sinne glauben, an solchen Tagen gibt es Trugbilder, die aus dem Nebel auftauchen, Gestalt annehmen und wieder verschwinden, aber der Tag ist durchsichtig.

Fünf Möwen im Flug

Am Nachmittag nichts Außergewöhnliches, der nüchtern-vernünftige Teil meines Wesens meldet sich wieder zu Wort. Halluzinationen sage ich mir, glaub ihnen nicht, irgend etwas treibt mit dir sein Spiel, geh zurück ins tätige Leben.

Gegen Abend hole ich mir aus der Gedenkstätte die Ausgabe letzter Hand. Ich schlage die Bände auf, lese da und dort einen Satz, eine seltsame Unruhe treibt mich durch das Werk. Manchmal horche ich auf, da gibt es Zeilen, wie ich sie schon lange nicht mehr gelesen habe, voller Kraft und Widerstand. Eine Zeile prägt sich mir ein: »Das am Tag Erlebte, der Traum, der es gestaltet, und schließlich der Wachzustand, der das Gestaltete in Formen zwingt.«

26. September

ICH erinnere mich an die Bibliothekarschule in Berlin, es war im Jahr 1950. Hauptmann sei hinter seiner Zeit zurückgeblieben, sagte uns Doktor K. in einer Vorlesung über den Dichter.

Wir hätten den Dozenten damals fragen müssen, hinter welcher Zeit Hauptmann eigentlich zurückgeblieben sei, hinter der Zeit des Faschismus, der Weimarer Republik oder dem Kaiserreich? Wer so argumentiert, richtet seinen Blick ausschließlich auf die Tagespolitik, Hauptmann aber geht in seinem Werk weit über den historischen Augenblick hinaus, hier werden Ideen, Tendenzen, Strömungen sichtbar, die von weither kommen, doch immer wieder zum Menschen zurückführen, zum Menschen als historischer Kategorie.

Wo soll ich beginnen, bei der Mutter Wolffen, beim Herrn von Wehrhahn oder bei den Landstreichern Schluck und Jau, bei der Rose Bernd oder Fuhrmann Henschel, bei Michael Kramer, Gabriel Schilling oder bei Odysseus? Wo aber bleiben Klytemnästra, Iphigenie, Till Eulenspiegel, der alte Huhn, der weise Wann, der Zug seiner Gestalten nimmt kein Ende, da kommen die Weber, die bündischen Bauern, Emanuel Quint tritt durch die Tür, der kleine Erdmann ist da, die Mignon, und sie alle kommen aus dem Leben, aus den unterschiedlichsten Landschaften, den unterschiedlichsten Klassen. Hier ist keine Selbstbespiegelung, Selbstdeutung, hier wird auch nichts konstruiert, in seinen Werken gibt es keine artistische Atmosphäre, kein mathematisch auskalkuliertes Pendeln über dem Netz, seine Gestalten bewegen sich von selbst, ihr Ursprung ist das Leben. Hauptmann zeigt uns, wie die Menschen der verschiedensten Schichten denken, leben, handeln.

Er ist den Menschen immer wieder nachgegangen, ohne dabei den Kern ihres Wesens anzutasten. Wie kann ein Dichter, der solche Gestalten auf die Bühne stellt, hinter seiner Zeit zurückbleiben? Es ist immer der einzelne Mensch und somit auch eine ganze Welt. Sagte er nicht selbst: »Alle Urteile sind Vorurteile.«

Nachtrag

Es gehört zu den Irrtümern der Zeit, daß einige immer noch der Meinung sind, Germanisten würden von einem Autor mehr verstehen als das Publikum im Parkett. Wahr ist, sie sehen den Autor allzuoft durch ihr eigenes ästhetisches Gitter, sie führen fast alles auf festgelegte Kriterien zurück.

27. September

NACH dem Frühstück Spaziergang nach Vitte. Ich möchte meinen alten Freund besuchen, den Landarzt. Wir haben uns vor Jahren in Swantow angefreundet. – Ich gehe unter einem fast sommerlichen Himmel den Strand entlang. Der Blick wird festgehalten von der Leere einer Landschaft, die immer weiter, immer größer wird. Kein Ton ist in der Luft, kein Vogellaut, und die See ein Metallspiegel. Ich bücke mich nach einem flachen Stein, werfe ihn handbreit über das Wasser, er berührt springend die Wasserfläche, dreimal, viermal, dann verschwindet er im Meer.

Als ich in Vitte ankomme, ist die Haustür abgeschlossen, auch die Fensterläden sind zu. Im Nachbarhaus steht am Fenster eine junge Frau.

Der Doktor mußte vor ein paar Tagen hinüber nach Stralsund, sagt sie.

Hat er nichts hinterlassen?

Kommen Sie aus Thüringen?

Ja.

Er läßt Sie grüßen. Sobald er wieder auf der Insel ist, ruft er Sie in Kloster an.

Auch im Herbst gibt es Stunden von einer zarten, schwebenden Anmut, es ist, als träte die Welt noch einmal neu in Erscheinung.

Sag nur nicht, daß der Himmel keine Ufer hat, man muß sie nur finden.

28. September

ICH gehe, wie an den anderen Tagen auch, die Treppe hinab in den Speiseraum. Ob Esther aus Schaprode schon wieder zurück ist? An der Tür bleibe ich stehen. Auf ihrem Tisch liegen ein paar Bücher, an der Wand hängt ein dunkelblauer Regenmantel. Ich brauche mich nur noch hinzusetzen und zu warten ...

Nach dem Frühstück wandern wir über das Hochland. Es ist eine leicht bewegte Hügellandschaft, durchschnitten von ein paar Feldwegen, der Ausblick frei nach Norden, Süden und Osten. Der Boden ist mager, der Hangrasen von einem fahlen vertrockneten Grün, dazwischen der Schachtelhalm, keine Bäume, nur ein paar Sträucher, Grundmoränenlandschaft würden die Geologen sagen, dazu die Farben des Meeres, unzählbar die Tönungen, von einem hellen, zarten Blau bis hinüber ins kalte opale Grün.

Die Landschaft ist leer, in dieser Leere Sonne und Wind. Plötzlich ist der Bussard wieder da, läßt sich vom Aufwind tragen, kaum daß er die Flügel rührt. Zu unseren Füßen aber sehen wir eine Koppel mit Pferden. Wir gehen langsam den Hang hinab, an der Umzäunung bleiben wir stehen.

Man sieht es den Pferden an, daß sie in ihrem Leben noch nie an einer Deichsel gegangen sind, das Fell ist glatt, keine abgescheuerten Stellen, keine borkigen Narben. Sie stürmen die Koppel hinauf, hinab, stampfen, schnauben, bleiben stehen, voller Erregung schlägt der Schweif die Flanken, sie senken den Nacken, weiden, plötzlich steigen sie hoch, als hätte sie eine Hornisse in die Weichteile gestochen.

Bei den jungen Pferden ist alles Bewegung, ein dauernder Wechsel der Gangart. Manchmal kreiselt ein Tier um sich selbst, springt aus dem Kreis, feuert aus, jagt quer über die Wiese. Auffliegende Erdklumpen. Weiß Gott, woher diese Besessenheit kommt. Vielleicht sitzt auch den Tieren von Zeit zu Zeit der Schalk im Nacken.

Einige Pferde sind furchtsam, mißtrauisch. Sie stehen da, ganz still, setzen keinen Huf fort, nur die Ohren spielen. Plötzlich geht ein Zucken über die Haut, sie reißen die beiden Hinterläufe hoch, schlagen wild in die Luft, einmal, zweimal, setzen wieder auf, stehen da, als wäre nicht das geringste geschehen. Andere wieder kommen bis an den Weg, sind zutraulich, lassen sich das Fell kraulen.

Esther faßt nach dem Hals des Pferdes, das ihr den Kopf entgegenstreckt. Es sucht mit den Nüstern ihre Manteltasche ab, hofft auf ein Stück Zukker. Man fühlt den warmen Atem des Tieres, die weichen Lefzen, wenn sie über den Handrücken schnobern.

Wer weiß, was in den Köpfen dieser Pferde vor sich geht. Folgen sie immer nur dem, was ihnen der Augenblick eingibt, stellen sich Erinnerungen ein, wenn sie die Stimme ihres Reiters hören? Was ist das für ein Blick, ein wissender, ein unwissender, und die Welt, die sich in ihren Augen spiegelt, wie sieht sie aus? Es muß mehr sein als nur ein ungenaues, flächiges Bild, wie könnten sie sonst einen Reiter über den Parcour tragen?

Das Tier ist heute nur selten noch Tier, es ist fast ausnahmslos für die ökonomischen Interessen des Menschen da, für seine Genußsucht, Habgier, für seinen Zeitvertreib, dafür wird es am Leben erhalten, geboren, ernährt und getötet.

Hast du noch nie erlebt, wenn ein Tier in das Schlachthaus geführt wird, sage ich zu Esther, wie es zu schreien beginnt, wie es mit den Blicken bettelt? Die Schmerzen, die ein Tier erduldet, sind nicht geringer als die Schmerzen eines Menschen. Wenn ich einem Pferd oder einem Hund in die Augen sehe, dann möchte ich behaupten, sie ahnen das Unrecht, in das sie das Leben, und nicht zuletzt der Mensch, gestoßen hat. Wir alle haben verlernt, vor dem Tier einen kleinen Umweg zu machen, damit auch die Kreatur genügend Raum zum Leben hat. Und doch war sie im Menschen einmal da, die Hochschätzung des Tiers.

Du gehst mit den Tieren oft zärtlicher um als mit den Menschen, sagte mir vor Jahren, nicht ganz ohne Vorwurf, ein Freund in Plogshagen.

Meine Antwort: Auch die Kreatur bedarf der Liebe.

Es gibt Sätze, Redewendungen, die Esther auf eine ganz eigenartige Weise ausspricht, ihre Stimme ist dann immer etwas eintönig, fallend. Vielleicht ist es die Sprache ihrer Kindheit. Sie benutzt aber auch Worte, die im mitteldeutschen Raum unbekannt sind. So sagt sie zum Beispiel Trafik, nicht Tabakladen, sie sagt immer noch Jänner, Feber und nicht Januar, Februar. Sie sagt aber auch: Jan, erinnerst du dich noch an Weimar, an den Solotänzer? Ich war das erste Jahr ganz meschugge nach ihm. Dieses Wort kommt aus dem Jiddischen.

Nein, es ist kein Dialekt, es ist ganz einfach ein anderes Idiom.

29. September

MEIN alter Freund, der Landarzt, hat uns zum Abendessen in den Gasthof »Wieseneck« eingeladen, auch der Pfarrer ist anwesend.

Auf einem großen, versilberten Tablett liegen vier gebackene Schollen, garniert mit Petersilie und Wacholderbeeren. Wir setzen uns an den Tisch. An der Decke hängt ein alter Segler, ein Schiffsmodell, eine Erinnerung an die abgewrackten, längst vergessenen Windjammer. Liebhaber würden für ein solches Modell eine beachtliche Summe auf den Tisch legen.

Der Weißwein wird hereingetragen. Er ist stark im Geschmack, fast etwas erdig, die Gläser sind beschlagen. Wir essen und trinken mit Behagen.

Der Doktor kam nach dem Krieg als junger Arzt auf die Insel Rügen, er wohnte damals in einer anspruchslosen Hütte bei Poseritz. Er hat als Landarzt nie ein bequemes Leben geführt, war immer unterwegs, von einem Dorf ins andere, jahrzehntelang hat er zehn bis zwölf Stunden am Tag gearbeitet. Den Menschheitsträumen steht er skeptisch gegenüber, wenn die Tagespresse von einem wissenschaftlichen Zeitalter spricht, kommt der Zweifel in ihm hoch.

Der Pastor, ein alter Freund des Doktors, lebt in Stralsund. Er stammt aus einer alten Lehrerfamilie, doch der Beruf seines Vaters ist ihm fremd geblieben, das Katheder war ihm von Anfang an ein Greuel. Mit jungen Jahren ging er nach Leipzig und studierte Kirchenmusik. Im Herbst 1937 wurde er zur Wehrmacht eingezogen. Bei einem Manöver explodierte in seiner Hand eine Leuchtpatrone. Er konnte seinen Beruf als Organist nicht mehr ausüben, studierte Theologie und ließ sich später in Stralsund nieder. Er hat bei seiner vorgesetzten Dienststelle einen längeren Studienurlaub beantragt und wohnt seit vierzehn Tagen in dem neuerbauten Ferienheim der evangelischen Kirche.

Das Mahl wird abgetragen. Der Pastor holt sein Zigarrenetui aus der Tasche, der Doktor stopft sich die Pfeife. Langsam löst uns der Wein die Zunge, der Mensch erträgt das Schweigen nur schwer in Gegenwart anderer.

In der ersten halben Stunde geht das Gespräch her und hin, Namen werden genannt, die Verfasser von Aufsätzen, man breitet sich aus, beschreibt Gelesenes, Zukünftiges wird vorweggenommen, Vergangenes verurteilt.

Die Unterhaltung wird lebhafter, sie nimmt an Offenheit zu, an Schärfe.

Der Fortschritt hat den Menschen überheblich gemacht, sagt der Doktor, nur noch wenige fragen, in welcher Richtung wir eigentlich fortschreiten, bewegen wir uns auf das Leben zu, oder gehen wir vom Leben fort?

Was erwartest du? fragt der Pastor.

Ich erwarte, daß die Menschen verantwortungsvoller leben, wir müssen erkennen, daß es das Gleichgewicht der Kräfte ist, das uns das Leben auf der Erde überhaupt erst ermöglicht.

Wir haben die Kräfte der Versuchung viel zu groß werden lassen, sagt Esther, die Frevler sind uns über den Kopf gewachsen.

Der Mensch ist hochmütig geworden, sagt der Pastor, er beginnt sich selbst anzubeten.

Eine neue Flasche Dürnsteiner wird auf den Tisch gestellt, wir trinken einander zu.

Der Doktor setzt das Weinglas aus der Hand, klopft dem Pastor auf die Schulter und sagt: Ich habe gehört, du hättest im vergangenen Jahr in einem mecklenburgischen Antiquariat einen beachtlichen Fund gemacht.

Es war ein handgeschriebenes Notenblatt von Samuel Scheidt, eine Orgelkomposition.

Das kann doch nicht wahr sein, ruft der Doktor, dann wendet er sich an mich und sagt: Johannes, habe ich dir schon erzählt, daß unser Pastor eine beachtliche Notensammlung besitzt, ein paar wertvolle Blätter, jahrhundertealte Orgelkompositionen aus dem norddeutschen Raum? Es macht ihm Freude, die alten Zeichen zu lesen, auch wenn er sie nicht mehr spielen kann.

Plötzlich sagt der Pastor: Waren Sie seit Ihrer Ankunft schon im Haus »Seedorn«? Einige Herren aus Greifswald haben den Kreuzgang schon wieder einmal umgestaltet, umfunktioniert. Wenn Hauptmann das wüßte, er würde sich in seinem Grab umdrehen.

Zum erstenmal an diesem Abend ist Hauptmanns Name gefallen. Wir alle sind guter Stimmung, ein jeder hat etwas getrunken, keiner zuviel, doch der Wein hat es in sich. Er steigt auch mir in den Kopf, verleitet mich, von meiner Begegnung auf dem Dornbusch zu erzählen.

Norbert, sage ich zu meinem alten Freund, dem Landarzt, habe ich dir schon erzählt, daß ich vor ein paar Tagen auf dem Dornbusch dem alten Hauptmann begegnet bin?

Der Doktor sieht mich an, als wollte er sagen, bist du noch ganz bei Sinnen?

Erzählen Sie, sagt der Pastor.

Es war an einem hellichten Tag, als er an mir vorüberging, einen Steinwurf weit von mir entfernt.

Sag das noch einmal, ruft der Doktor.

Ich konnte ihn gut erkennen. Er trat aus dem Wald, blieb stehen, schrieb ein paar Worte auf einen Notizblock, blickte herauf zu mir, dann ging er zu den Stufen, die hinunter zum Strand führten.

Ich sah die Ungläubigkeit in den Augen der anderen.

Ich würde vor Gericht einen Eid auf mich nehmen, so deutlich habe ich den alten Mann vor mir gesehen.

Schlagartig wird das Gespräch noch einmal lebendig, die unterschiedlichsten Meinungen prallen aufeinander.

Der Pastor fragt nach dem Wetter.

Kein Nebel, sage ich, es war ein blauer, milder Herbsttag, eine verschleierte Sonne stand am Himmel.

Johannes, du solltest mit deinen Träumen etwas sparsamer umgehen, sagt der Doktor, wohl ein kleiner Grenzverkehr mit den Toten?

Plötzlich sagt Esther: Solche Visionen, Herr Medizinalrat, lassen aber auch noch andere Erklärungen zu.

Der Doktor blickt Esther mit seinen kühlen grauen Augen an. Aber Frau Esther, ich erinnere mich noch gut an die Fliegenden Untertassen, psychische Projektionen, die selbst noch in der Lage waren, ein Radarecho zurückzuwerfen, Kollektivvisionen. Solche Vorstellungen haben immer etwas Irreales.

Kein Verstorbener kann auf dem Friedhof liegen und gleichzeitig auf dem Dornbusch spazieren gehen, das weiß ich selbst, dennoch habe ich ihn gesehen. Glaub mir, es war eine mit Händen zugreifende Wirklichkeit.

Johannes, nichts ist so tot wie ein Toter, das kannst du mir glauben. Es ist nicht gut, das Unergründliche wie eine Monstranz vor sich her zu tragen.

Da meldet sich der Pastor zu Wort. Hast du vergessen, daß unser Ostseeraum voller Sagen, Märchen und Legenden ist? Tote sind den Menschen immer dann erschienen, wenn einer Insel oder einem Landstrich Gefahr droht.

Kannst du mir sagen, woher die Gefahr kommen soll, fragt der Doktor, vielleicht aus dem Meer?

Erinnere dich, auch bei uns gab es Sturmfluten, die verheerend waren. Nach einer Weile: vielleicht erschreckt ihn unser Tun, vielleicht will er uns warnen, schreien kann er ja nicht, er hat ja Erde im Mund. Vergiß nicht, wir alle bewegen uns ein Leben lang auf einer dünnen Eisdecke.

Der Doktor lehnt den Kopf zurück in den Sessel, plötzlich steht er auf, klopft mit der Hand auf den Tisch und sagt: Ein neuer Schimmelreiter, wie?

Norbert, ich bleibe dabei, es war ein Mensch, und er sah aus wie der alte Hauptmann selbst, er trug einen Anzug, wie ich ihn von den Fotografien her kenne, hellgraues Jackett mit Knickerbockern. Er trat aus dem Wald wie aus einer Bergwand, dann ging er den tiefer liegenden Weg an mir vorbei.

Warum soll es nicht Menschen geben, die die Gestalt eines Verstorbenen haben, sagt der Pfarrer. Die Natur, die unermüdlich schaffende, ist unerschöpflich in ihren Einfällen. Warum nach vierzig Jahren nicht einen Doppelgänger?

Johannes, ich werde dir eine Kneippkur verordnen, sagt der Doktor, geistige Anomalie.

Die Fenster der Gaststube sind mit Tabaksqualm verhängt, keiner weiß, ob es draußen regnet oder der Vollmond über der Insel steht. Es ist der Augenblick, den jeder Kellner für geeignet hält, seine Gäste zu fragen, ob sie noch einen Kaffee wünschen. Wir wissen, was eine solche Frage zu dieser Uhrzeit bedeutet, es ist kurz vor Mitternacht. Das Zeichen zum Aufbruch ist gegeben.

30. September
HERBSTSTÜRME stoßen vom Meer her ins Land, jagen über die Insel hinweg, eine Unruhe hat den Himmel erfaßt, daß selbst die schweren nassen Regenwolken keine Zeit mehr haben, sich abzuregnen, ein kurzer Schauer und dahinter neue Wolkenbänke, nur manchmal, ganz unerwartet, ein kleines blaues Himmelsloch.

Ich glaube nicht, daß wir heute noch erzählen können, wirklich erzählen. Die künstlerische Einheit, die überschaubare Ordnung, ist sie nicht längst zu einer Wunschvorstellung geworden? Seit Ezra Pound aus einer anderen Bewußtseinslage heraus seine »Pisaner Gesänge« schrieb, sind Zeit, Raum und Identität relativ, der feste Standort des Schreibenden, dieser scheinbar unerschütterliche Punkt, ist in Frage gestellt. Wir schreiben schon lange nicht mehr aus einer geistigen Überlegenheit heraus, aber auch die Grundeinstellung gegenüber dem Dasein hat sich in vieler Hinsicht geändert, die Denkformen sind andere geworden, ein Umdenken auf vielen Gebieten zeichnet sich ab, und wo der Schriftsteller noch nicht in der Lage ist, das Zukünftige beim Namen zu nennen, setzt er bildhafte Zeichen, Rufzeichen. Er weiß, daß es längst über uns gekommen ist, dennoch kann er den Stoff noch immer nicht in eine endgültige Form gießen, weil auch die Glockenspeise einer bestimmten Temperatur bedarf.

In die Geschichte hineinschreiben, dem Zeugen näherstehen als dem Richter.

Sandkörner I

Poesie, die ausschließlich aus der Empfindung heraus geschrieben wird, gleicht einer Schneeflocke auf der Hand, das Gefühl hat sich im Wort erschöpft, es beginnt zu tauen, wird Wasser.

Wirklichkeit ist nicht nur das Erzeugte, sie ist immer auch das Erzeugende. Wer bei dem Erzeugten stehenbleibt, begnügt sich mit dem Augenblick.

Das Billigste, was ein Schriftsteller seinem Leser heute anbieten kann, ist eine fertige Meinung.

Die großen Werke der Weltliteratur gleichen einer Landkarte, keinem Wegweiser.

In jedem Leben ist ein Stück Gefangenschaft.

1. Oktober

SEIT gestern steht eine Nebelmauer zwischen Kloster und Schaprode, in der es keine Bresche gibt. Der Nebel verbannt uns aus der Welt des Sehens.

Wogen

Am Abend Orgelkonzert in der Dorfkirche. Auf dem Programm stehen Werke von Johann Sebastian Bach, Händel und Brahms, aber auch ein moderner Franzose wird genannt: Messiaen.

Zum erstenmal in meinem Leben höre ich eine zeitgenössische Orgelkomposition. Ganze Kaskaden von Tönen stürzen vom Chor auf mich herab, es sind kalte, erzene Tonreihen, überwältigend, aber nicht heimatlich. Da ist kein Trost mehr für die Seele, diese Komposition gleicht einer Abrechnung mit dem Leben, der Schöpfung. Die Prinzipale, die Mixturen, eine Besessenheit, die man der Orgel gar nicht zutraut, weil sie seit Jahrhunderten dem Gottesdienst untergeordnet war. Da ist ein Gepolter auf dem Chor, als würde ein wildgewordener Büffel mit seinen Hufen auf die Bretter stampfen. Es gibt aber auch Stellen, die hören sich an wie die verhaltene Predigt des heiligen Franz von Assisi an die Vögel.

In dieser Komposition kniet der Mensch nicht mehr vor dem Altar, die Erde um ihn herum ist aufgerissen, die Dämme sind gesprengt, da ist der Schrei der Trompeten, das Glissando der Streicher, Stakkatoläufe, hart, unnachgiebig. Es gibt aber auch Stellen, da hat sich der Ton im Ton bereits aufgelöst, entleert, nicht einmal eine Schlangenhaut bleibt zurück, nur noch die verbale Transzendenz, die Entsinnlichung aller Sinnlichkeit. Die Leere kriecht an den Wänden hoch, schleicht sich von Bank zu Bank, die Menschen in der Kirche beginnen zu frösteln. Etwas Großes, Unheimliches kommt in dieser Komposition auf uns zu, eine erschreckende Nachricht, etwas Warnendes, an dem kein Mensch mehr vorübergehen kann.

Die Gebete der Gläubigen, sind sie nicht längst auf dem Weg zu Gott erfroren? So weit hat sich der Vater von der Erde zurückgezogen ins All.

2. Oktober

AM späten Nachmittag Besuch bei Esther. Wir sitzen im Wohnzimmer, genießen den schwarzen Tee mit Bergamot, den Cognac, den frischgebackenen Mohnkuchen mit Streusel. Vor den Fenstern der Bodden, schieferfarben, stumpfblau.

Esther ist voller Unruhe, es treibt sie von einem Fenster zum anderen. Sie setzt sich in den Sessel, steht nach einer Weile wieder auf, sucht nach den Zigaretten, nimmt auf dem Sofa Platz, läßt die Schuhe auf den Fußboden fallen und zieht die Füße unter sich. Die wenigen Sätze, die sie bisher gesprochen hat, waren belanglos, plötzlich aber sagt sie: Ich bin heute vormittag noch einmal über den Dornbusch gegangen, den Sandweg hinauf, durch den Sanddornwald zurück, noch einmal kamen die letzten sieben Jahre auf mich zu.

Die letzten sieben Jahre, wie soll ich das verstehen.

Vor ein paar Jahren hatte ich ein Erlebnis, das ich bis heute nicht vergessen kann, vielleicht weil der Verstand an diesen Dingen keinen Anteil hat.

Ich sehe Esther von der Seite her an. Nach einer Weile sagt sie: Jan, bist du aus deiner Ehe schon einmal ausgebrochen? Nein, ich will es nicht wissen. Seit Jahren trag ich es mit mir herum, es läßt mich nicht mehr los. Ich muß es dir erzählen, sie schenkt sich einen Cognac ein und beginnt, ganz langsam, Wort für Wort.

Wir lebten damals schon in Erkner. Eines Abends brachte Christian einen polnischen Gast mit ins Haus, er war Germanist und lehrte in Krakau. Ich weiß noch genau, was Christian an diesem Abend zu mir gesagt hat: Esther, wir haben für unseren Gast kein Hotelzimmer mehr bekommen, könnte er nicht für ein paar Tage im Gartenhaus übernachten? Eugeniusz arbeitete damals an seiner Habilitation und benötigte aus der Staatsbibliothek ein paar Handschriften, die man nur im Lesesaal einsehen kann.

Du weißt, ich bin in einem anderen Land groß geworden, irgendwie aber lebt die Sprache, die Landschaft immer noch in einem fort. Wie oft habe ich mir aus meiner alten Heimat ein Zeichen herbeigewünscht, nun war es plötzlich da, und ich fürchtete mich.

Bei uns, Jan, hat es nicht so verhalten angefangen wie bei dir in Kremenez, bei uns war es plötzlich da, vom ersten Tag an. Es ist in uns hineingefahren, wir wußten, daß unsere Ruhe für immer vorbei war. Ich hätte nie gedacht, daß der Mensch so hilflos seinen Gefühlen ausgeliefert sein kann. Von diesem Tage an sind wir nicht mehr voneinander losgekommen. Es war keine Liebe auf den ersten Blick, es war mehr, es war eine Liebe, die im Wiedererkennen lag.

Du weißt, ich bin für die Liebe nie sehr anfällig gewesen, ich war immer etwas kühl, zurückhaltend, plötzlich kannte ich mich nicht mehr wieder. Ich fing an, alles ins Spiel zu bringen, meine Vergangenheit, die Sprache, das Land, in dem ich geboren wurde, ich wußte, daß es ein verbotenes Spiel war, und doch konnte ich nichts dagegen tun. Einen ganzen Vormittag saßen wir im Gartenhaus über der Landkarte und suchten nach einem Ort für unsere heimlose Liebe. Durch Zufall stießen wir auf Grieben.

Ich weiß bis heute noch nicht, wie es Eugeniusz geschafft hat, auf der Insel ein Zimmer zu bekommen. Ich wußte, daß in Krakau ein Weib auf ihn wartet, und doch haben wir beide das Unmögliche möglich gemacht. Jahr für Jahr sind wir uns in Grieben begegnet. Was fanden wir nicht alles für Ausflüchte, Begründungen. Ich kam mir vor wie ein Maulwurf, der unter der Erde seine Gänge gräbt, um das gewünschte Ziel zu erreichen. Ich erinnere mich an unsere erste Überfahrt, an meine Unsicherheit bei der Ankunft im Gasthof. Jan, ein Liebespaar in unserem Alter, ich war damals zwischen dreißig und vierzig, Eugeniusz weit über die Fünfzig.

Wir brauchten nicht viel. Ein Fenster mit ein paar klaren Scheiben, zwei Betten, einen Schrank, einen Tisch, einen Stuhl. Am Morgen fand die Sonne durch die Fensterscheiben den Weg, in der Nacht war es der Mond. Es konnte regnen, stürmen, wir waren immer unterwegs. Außerhalb unserer Liebe gab es nur das Land, das Meer, nachts kein Menschenwort, nur das helle Sausen im Sanddorn.

Von unserem Fenster aus konnten wir den ganzen Sanddornwald sehen, ein Stück von der See, den Schilfgürtel. Und plötzlich hatte ich das Gefühl, irgendwie zu Haus zu sein. Nachts aber wurden wir von den Wellen der Lust fortgerissen: Küsse, Erinnerungen, Landschaften, alles stürzte auf mich ein. Wenn ich die Augen schloß, da war Glück, Verzweiflung, Leidenschaft, aber auch ein Schuldgefühl. Ich getraute mich nicht, in sein Gesicht zu sehen, weil ich wußte, daß es in solchen Stunden das Gesicht eines anderen war. Es gab aber auch Nächte, da flüchteten wir uns in den Schlaf, aus Angst vor uns selbst.

Eugeniusz hat mir Dinge zum Bewußtsein gebracht, die ich seit Jahren vergessen hatte. Damals stand ich auf der Erfolgsleiter ziemlich weit oben, ich glaubte, alles zu können, ich hatte gar nicht gemerkt, wie mich der Erfolg langsam, aber sicher korrumpierte. Die Leistungen auf der Bühne waren immer noch gut, doch irgendwie war Routine mit im Spiel. Er aber rüttelte mich wach, holte mich herunter vom Podest, und langsam begann ich, über mich selbst wieder nachzudenken. Vieles, was man heute lehrt, ist Anmaßung, sagte er zu mir. Du kommst doch aus einem anderen Land, deine Wurzeln gehen tiefer, wie kann man da vergessen.

Für einen Augenblick lang dachte ich, Halina säße mir gegenüber, ich glaubte ihre dunkle Stimme zu hören, doch im nächsten Augenblick wurde mir bewußt, daß es Esther ist, die zu mir spricht ...

Du weißt, man kann von einer Liebe nicht alles erzählen, es sind immer nur Bruchstücke. Wie oft sind wir über die Insel gegangen, ohne daß seine Hand die meine berührte. Ich liebte wie nie in meinem Leben zuvor, dennoch waren wir gefangen in uns selbst. Wer weiß schon, daß das Spiel mit der Liebe immer auch ein Spiel mit dem Tod ist.

Wie oft hat Eugeniusz zu mir gesagt: Esther, komm mit, wir wollen in Krakau ein neues Leben beginnen. Bleib nicht hier, du wirst es später noch einmal bereuen. Ich aber schwankte wie ein Rohr im Wind. Vielleicht hatte ich Angst vor den Unannehmlichkeiten einer Scheidung, doch hinter allem stand immer noch das Gewissen. So lebte ich Jahr für Jahr in einer immer stärker werdenden Entschlußlosigkeit dahin, ließ mich treiben, ich glaubte, das Schicksal selbst würde mir eines Tages die Entscheidung abnehmen.

Krakau war für uns so etwas wie ein Traumbild, ein Ort, wo sich alles von selbst lösen würde. In Gedanken lebten wir längst schon in dieser Stadt, doch ihr gespenstischer Hintergrund, du kennst ihn ja, er begegnet dir in Prag genauso wie in Krakau, schreckte mich ab. Diese beiden Städte haben irgend etwas Gemeinsames, man wird sie in seinem Leben nie wieder los. Vielleicht habe ich viel zu lange schon in Berlin gelebt und gearbeitet, um wieder zurückzukehren.

Ich schenke mir einen Cognac ein und sage:

Vielleicht hat dir Eugeniusz wirklich ein Stück Galizien mit ins Haus gebracht.

Esther sieht mich an, nach einer Weile nimmt sie den Faden wieder auf. Wie oft habe ich zu mir gesagt, daß ich im kommenden Jahr nicht mehr nach Hiddensee fahren werde, daß ich wieder fortgehen muß aus dieser schrecklichen Liebe. Wir haben es beide gewußt, eine solche Liebe kann nicht von Dauer sein, irgendwann brennen die Fäden einmal durch. Eines Tages war es dann soweit, ich bekam schwere vegetative Störungen, ich konnte das Doppelleben nicht mehr ertragen, ich bekam Angstzustände, Depressionen. Im vergangenen Jahr sind wir uns zum letzten Mal auf der Insel begegnet.

Esther, die mit angezogenen Beinen noch immer auf dem Sofa sitzt, steht auf und zieht sich die Schuhe wieder an.

Vielleicht fragst du mich jetzt, was an dieser Geschichte neu ist. Alles längst schon gesagt, irgendwo, irgendwann, vielleicht auch schon aufgeschrieben, immer wieder dasselbe Thema, nur in anderen Variationen.

Esther, irgendwo habe ich einmal gelesen, daß die Liebe die ganze Wirklichkeit ist und nicht nur ein Ausschnitt aus unserem Leben.

Wenn das so ist, Jan, dann müßte die Erde die Liebe selber sein.

Vor dem Fenster hat sich der Nebel zusammengezogen, der Hafen ist unsichtbar.

Wenn das Wetter nicht umschlägt, wirst du morgen vergebens auf das Postboot warten, sage ich.

Morgen wird das Wetter wieder schön, sagt Esther, ein Hoch ist unterwegs, ich habe zu Mittag den Wetterbericht gehört. Nach einer Weile: Jan, wie lange gedenkst du noch auf der Insel zu bleiben?

Sie wartet meine Antwort erst gar nicht ab und sagt: Komm, wir leeren die Flasche, in zwölf Stunden bin ich bereits auf dem Weg nach Stralsund ...

3. Oktober

ICH sitze am Frühstückstisch, auf mich selbst zurückgeworfen, kein Gegenüber, die Zeit rückt von mir ab. Schärfer als an den Tagen zuvor streicht der Wind über die Insel, der Nebel hat sich aufgelöst, der Himmel ist glashell.

4. Oktober

STURM und Regenschauer gehen über das Land. Ich halte es in meinem Zimmer nicht mehr aus und gehe hinüber ins Haus »Seedorn«. Kein Mensch begegnet mir auf der Straße. Von der See her kommt ein kalter Wind, in einem düsteren Grau liegen Bodden und Meer.

Ich betrete das Haus. Vor den Fotografien bleibe ich stehen, schaue in das verträumte Gesicht eines Knaben, sehe die hageren, fast schon asketischen Züge des Mannes, blicke in das mir wohlvertraute und doch so fremde Gesicht eines Greises, vielschweigend sein schmaler Mund.

Ich gehe durch den Kreuzgang, durch das

Abendzimmer und finde mich in der Bibliothek wieder. Der Hauch der Vergangenheit liegt immer noch auf den Gegenständen, dem Lesepult, dem Tisch. Ich nehme ein Buch aus dem Regal, schlage es auf, lese ein paar Sätze, lege es aus der Hand. Plötzlich, ich weiß nicht warum, beginne ich auf etwas zu lauschen, zu horchen, nein, es ist nicht der Schlag des Herzens, dieses Urgeräusch des Lebens, da ist noch etwas anderes, das gegenwärtig ist. Mir scheint, als wäre der Raum von dem zusammengedrängten Schicksal jener Menschen erfüllt, die jahrzehntelang in diesem Haus gelebt und gearbeitet haben.

Betroffen gehe ich ans Fenster, setze mich auf das Fensterbrett und sehe hinaus in den Garten. Regennasse Bäume, Sträucher, ein Stück weiter die Dorfstraße. Irgendwo in der Ferne bellt ein Hund, ein Bellen, das bruchstückhaft die Straße heraufkommt, vom Wind herangetrieben. Gegen die Fensterscheiben prasselt der Regen, zerstäubt. Ich höre durch die geschlossene Glastür das Platschen der Regentropfen auf der Terrasse. Der Wind pfeift um die Ecke, verkriecht sich unter den Dachziegeln, setzt aus. Ein braungraues Licht fällt durch das Fenster, unbeweglich steht die Luft im Raum.

Da sitze ich nun, warte und weiß nicht worauf. Kein Laut. Im ganzen Haus ist eine Stille, so dicht, daß man sie mit Händen greifen kann. Plötzlich beginnt sich die Angst in mir zu melden. Es ist nicht die Ereignislosigkeit der Stunde, nein, es ist das Zurückspulen der Zeit: die Luft beginnt zu vibrieren, als wäre sie elektrisch aufgeladen, als wartete sie nur noch auf den Blitz.

Ich fahre aus den Gedanken hoch. Irgendwo höre ich im Haus das Öffnen und Schließen einer Tür. Ich horche. Eine ganze Weile bleibt es still, nichts rührt sich. Sollte der Kustos zu dieser Stunde noch einmal durch das Haus gehen? Was soll ich tun, aufstehen, nachsehen? Ich habe die Tür zur Gedenkstätte doch selbst abgeschlossen, trage den Schlüssel in der Hosentasche. Plötzlich höre ich Schritte, sie kommen durch den Kreuzgang. Ich weiß, daß es nur er sein kann, der jetzt durch das Abendzimmer geht, wer sollte sonst zu dieser Zeit noch durch die Räume gehen? Ich habe ihn den ganzen Tag erwartet, gewiß, ich habe nicht nach ihm gerufen, so etwas steht mir nicht zu, und doch ist er gekommen.

Er tritt ins Zimmer, als wäre er nie gestorben, als hätte es für ihn nie eine sterbliche Hülle gegeben. Er trägt eine hellgraue Hose und über der hochgeschlossenen Weste einen schoßförmigen Rock.

Er geht ganz langsam durch die Bibliothek bis an das Lesepult. Sein Gang, seine Bewegungen, seine Haltung sind noch genau so wie damals, als er mit seiner Frau das Schauspielhaus in Breslau verließ, nur ist in diesem Augenblick alles etwas deutlicher, greifbarer, ich erlebe seine Anwesenheit bewußter.

Nein, das ist kein Traumbild, die Gestalt läßt sich nicht mehr wegwischen. Ich sehe sein Gesicht, seine Hände, ich kann alles ganz genau beobachten, wie er sich gibt, bewegt. Es ist ja sein Haus, sage ich mir, und er kann gehen und kommen, wie es ihm beliebt.

Er tritt an das Lesepult, sucht nach einem Taschentuch, wischt den Staub von dem polierten Holz. Zögernd, beinahe ängstlich öffnet er die Mappe mit den Blättern, streicht mit der Hand über das beschriebene Papier, über die längst schon eingetrockneten Schriftzüge. Und dann, ich traue kaum meinem Ohr, beginnt er zu lesen ...

»Mein Vater, den ich nur flüchtig gekannt habe, gab mir den Namen Christophorus: es muß mir genügen, wenn ich das Heilandsknäblein über den reißenden Strom der gegenwärtigen Zeit in die Zukunft hineinrette. Die Taten des Prometheus sind Schatten geworden. Das Geheimnis des Hephaistos, das Feuer, das er den Menschen verriet, ist ins Gigantische ausgeschlagen. Die Menschen haben des Feuers Macht ins Ungeheuerste ausgebaut; alles unter der Mißgunst, ja sogar unter dem Zorn der Götter. Aus dem Segen wurde ein Fluch. Sie haben damit einem der besiegten Titanen die Freiheit wiedergegeben, und nun wütet er gegen sie selbst. Der Regen Sodoms und Gomorrhas ist nur noch eine Lächerlichkeit. Allesvernichtende Brände – Menschen und Göttern ein Greuel – schleudert er auf die arme Erde herab, zertrümmert die Städte und tötet die schuldlosen Menschen. Was die christliche Hölle an Schrecken und Martern erdacht, ist ein Kindermärchen geworden. Aus dem freundlichen Feuer des menschlichen Herdes hat sich ein Weltbrand entwickelt, der nach Menschengedenken nicht mehr zu löschen ist. Und doch muß dieser Brand gelöscht werden, wenn der Mensch nicht verschwinden oder zum Raubtier werden will, zum Drachen, der brüllend und feuerspeiend seinesgleichen verflucht und zerreißt ...«

Nach diesen Worten breitet sich im Zimmer das Schweigen aus. Er hebt den Kopf, sieht zum Fenster hinaus, wartend, als käme von dort eine Antwort, als könnte ihm die Gegenwart etwas Tröstlicheres sagen. Ich sehe sein ernstes, nachdenkliches Gesicht, sehe die gradlinige Falte zwischen den Augen. Ahnt er etwas von den tiefen Gegensätzen, die unser Jahrzehnt fast zerreißen, weiß er, wie zerbrechlich unser Leben geworden ist, ist er sich bewußt, unter welchem Druck wir heute arbeiten und leben? Eine Geste mit der Hand, dann liest er weiter, Wort für Wort. Keine Wendung überläßt er dem Zufall, dem Ungefähr, manchmal hält er an, legt den Finger auf den Text, als wollte er dem Gelesenen noch einmal nachgehen, das Wort auf seinen Wahrheitsgehalt überprüfen, als wollte er auf die unhörbaren Fragen eine Antwort geben, die nach seinem Tode in der Stille des Hauses aufgestanden sind.

»Erdmann, du wächsest in eine Welt hinein, die noch nicht ist – das tun wir gewissermaßen alle – aber in so plattem Sinne ist mein Wort nicht gemeint. Die kommende Welt wird wahrscheinlich in ganzer Breite und Tiefe der Menschheit vorbereitet. Davon wissen nur Menschen, die den Löwenruf gehört haben: und du lagest, als er erklang, noch als Säugling auf meinem Arm. Es bereiten sich Dinge vor, die einer allgemeinen Umwälzung des Menschengeschlechts gleichkommen. Augenblicklich gleicht es noch einem Kinde, dem die gefährlichsten Spielzeuge in die Hand gegeben sind, die unheimlichen, nie gekannten Wundern gleichkommen. Es hat lange gejauchzt und über dieses Himmelsgeschenk gejubelt, das Kind. Es glaubte des Himmels auf Erden ganz sicher zu sein und wußte nicht, daß eine falsche Benützung nicht nur ihm, sondern dem gesamten Menschengeschlechte den Tod oder nun erst die wahre Verdammnis, will heißen die Hölle bringen kann.

Die Wahrheit in dieser Beziehung zu sehen, nennen wir Heutigen: Intuition. Ich aber sehe sie, lieber Junge, und habe deshalb über dein kommendes Schicksal geweint. Doch mir hat mein inneres Gesicht auch gesagt, daß du den kommenden Ansturm der Titanen überleben und den guten, ordnenden Göttern ihre Macht wiedergeben, tätig helfen wirst. Ich spreche also zu dir als Prophet: Wenn du in Kämpfen und Nöten bist – um höchster Güter der Menschheit willen –, braver Erdmann, dann denke an mich ...«

Plötzlich wird mir bewußt, daß die Sprache dazu da ist, die Welt immer wieder neu zu schaffen. Durch die abstrakte Sprache der Naturwissenschaft geht uns der Bezug zu den Dingen verloren, die Dichtung gibt ihn uns wieder. Wie tief muß der Mensch mit sich selbst zerfallen sein, wenn Dichter solche Worte schreiben.

Hauptmanns Stimme ist leiser geworden, wie eine Welle, die am Strand verebbt. Er richtet sich auf, legt die Blätter sorgfältig in die Mappe zurück, sieht sich in seinem Arbeitszimmer noch einmal um, nimmt das Manuskript unter den Arm und geht aus dem Zimmer, als sei nicht das geringste geschehen. Ja, er kann aufstehn und fortgehn, wann auch immer es ihm beliebt. Als er durch die Tür des Arbeitszimmers geht, streicht er mit seiner Hand über den »Lesenden Mönch«. Nach einer Weile höre ich aus dem Arbeitszimmer das Rücken eines Stuhles, ein paar Schritte im Kreuzgang, das Öffnen und Schließen einer Tür. Vom Fenster her weht es mich an, kühl.

Keiner weiß, in welchem Jahrhundert die Geschichte von Christophorus nach Europa gekommen ist. Die Legende taucht immer wieder auf, sie ist aus dem Griechischen, dem Lateinischen herübergekommen ins Deutsche, im Mittelalter hat man sie ins Bild geholt, sie wurde zu einem Lieblingsthema der Maler und Grafiker, aber auch in den Literaturen anderer Völker fand sie ein Zuhause.

Ich schlage nach: »Nach der älteren Legende war Christophorus ein aus Kanaan stammender Heide von riesiger Gestalt, der Christ und unter Decius Märtyrer wurde. Die zahlreichen späteren Christophoruslegenden sind zum Teil aus seinem Namen herausgesponnen: er trägt Wanderer über den Fluß, eines Tages auch das Christuskind, das ihn in den Strom untertaucht, tauft und ihm den Namen Christophorus gibt.«

Die aufrechte Haltung als Symbol der menschli-

Seeufer

chen Würde, der menschlichen Macht wird bei Christophorus nicht durch die ausgebreiteten Arme durchkreuzt, sie wird durch das Tragen des Kindes sogar noch erhöht.

Wenn ich an Christophorus denke, taucht vor meinen Augen die Gestalt des Andrej Sokolow auf: ein Mann, der ein fremdes Kind an der Hand nimmt, um es aus den Wirren des Krieges hinauszuführen, ein Kind, das eines Tages Vater zu ihm sagen wird.

Es ist gar nicht so wichtig, zu wissen, wer die Legende vom Christophorus zum erstenmal erzählt hat. Das Entscheidende: wenn wir überleben wollen, muß die Zahl der Menschen zunehmen, die auf ihren Schultern das Kind durch den reißenden Strom unserer Gegenwart hinübertragen ans andere Ufer.

Lektüre: Zwiesprache mit Hauptmann.

Agnetendorf, am 1. Juni 1943. »Es ist schwer, den Roman fortzuführen. So viel gläubigen Optimismus aufzubringen, fällt mir immer schwerer. Mit diesem Werk geht es mir wie jemandem, der in den Tropen ein Gebäude aus Eis aufrichtet. Die Zeit – wie die Wärme – schmelzt während des Bauens immer wieder Wahrheiten und Erkenntnisse ab.«

5. Oktober

EIN Tag, als wäre er vom Himmel gefallen, oben und unten blau, ganz zart. Ich gehe den Strand entlang, nichts als weißgrauer Sand, Dünen, kurze Grasnarben.

In einer Dünenlandschaft – schon von der Physiognomie des Bodens her findet man eine Annäherung an das Meer – gibt es keine harten gebrochenen Linien, keine Spitzen und Kanten, wohin das Auge auch blickt, weiche, fließende Formen. Dem oberflächlichen Betrachter erscheinen die Dünen monoton, sie werden durch nichts unterbrochen, immer nur Sand, feiner rieselnder Sand.

Die Winde kommen vom Meer her ins Land, streichen über die Dünen hinweg, rauhen auf, kämmen glatt, glasharte Quarzkörner wirbeln durch die Luft, treiben den Dünenrücken entlang, wehen über den Rand hinaus, beginnen zu strudeln, stürzen ab, bleiben im Windschatten liegen. Tag und Nacht modelliert der Wind mit seinen unsichtbaren Händen, zeichnet Linien, schafft Höhen, Vertiefungen, ein feines Netzwerk erstarrter Sandwellen überzieht die Dünenflächen, an manchen Stellen sind sie schuppig wie eine Fischhaut.

Unter der Mittagssonne leuchtet der Sand gelb, hellgelb, fast goldig, bedeckt sich der Himmel, wandeln sich die Farbtöne, der Sand wird grau, kommt Regen auf, sind die Dünen von einer schmutziggrauen Farbe.

Zu den wenigen Büchern, die ich mir aus Gotha mitgenommen habe, gehört der »Neue Christophorus«.

Es ist ein Buch, das man langsam lesen muß, eine Handreichung über Generationen hinweg, über Programme, Tendenzen, Stile. Hier tritt das Kunstwerk noch nicht als etwas Fremdes in uns ein, das den Menschen erschreckt, verwirrt, dennoch wird es Leser geben, die auch dieses Werk bestürzt aus der Hand legen.

Der Leser, der ausschließlich in einer Welt des empirisch begründeten Wissens aufgewachsen ist, wird vieles in diesem Buch als unverständlich abtun. Er steht Erfahrungen gegenüber, Einsichten, die keine empirischen Schlüsse zulassen. Das scheinbar so sichere und geordnete Leben wird aufgebrochen, er erschrickt über die Brüchigkeit einer Welt, die sich die Menschen selbst zurechtgezimmert haben. Wer heute noch glaubt, daß das Leben bis in den letzten Winkel ausrechenbar sei, um es durch alle Stromschnellen und Wirbel sicher zu steuern, irrt sich.

In diesem Werk geht Hauptmann den Strömungen nach, die den Menschen tragen oder für immer vom Ufer des Lebens wegreißen, hinaus in das Meer spülen. Er zeigt aber auch die verlorenen Guthaben, die Verschuldungen, alles, was sich herausstellt unter dem Strich. Der Glaube an den Menschen kann nicht durch Wissen ersetzt werden.

Hauptmann ist in diesem Werk zu den einfachen Worten des Lebens zurückgekehrt, es sind Worte, die kraft ihrer Schlichtheit mehr aussagen als eine Prosa, die voller Metaphern ist. Das einfache Wort war immer schon schöpferischer, zeugender.

Nachtrag
Der Herausgeber hat in dieser Ausgabe dem Leser auch die früheren Aufzeichnungen zugänglich gemacht. Alte und neue Texte werden vergleichbar, der Leser wird unmittelbar in den Prozeß des Werdens mit einbezogen, er wird sich des Werkes doppelt bewußt.

Abendliche Lektüre. Zwiesprache mit Hauptmann.
Dresden, Hotel Bellevue, am 23. Januar 1942.
»Worte dürfen nicht in einem pedantisch beengtem Sinne verstanden werden, sondern man muß sie mit dem ganzen Umkreis ihrer Bedeutungsmöglichkeiten erfassen. Es gibt keine einseitige Festlegung ihres Sinnes. Sie sind mehr: lebendige Organismen, die weiterwachsen und sich im Gebrauch weiter- und auch umbilden.«

6. Oktober
DAS Meer wuchtet seine Wellen an den Strand, schwerfällig kommen sie angerollt, unbeholfen. Ich buchstabiere mich durch die Wellenberge hindurch:
Querwellen,
Längswellen,
Windwellen,
seismische Wellen,
stehende Wellen,
interne Wellen,
Brandungswellen.

Es gibt aber auch Wellen, die in keinem Nachschlagewerk auffindbar sind:

die Polter- und Kollerwelle. Flutet eine große rollende Woge zurück, kollert sie am Strand die Steine durcheinander, ein Kollergeräusch;

die Plapperwelle, sie gleicht einem Kleinkind, das seine ersten Sprachversuche macht;

die Raketenwelle – sie rollt heran, bricht sich am Uferdamm und zischt wie eine Rakete in den Himmel;

die Detonationswelle – als hätte man eine geballte Ladung unter ihr gezündet.

Am späten Nachmittag sehe ich dem Flug der Krähen zu. Zwei Riesengeschwader haben sich am Himmel eingefunden, fliegen den Dornbusch ab. Plötzlich stoßen sie aufeinander zu, brechen ein in die gegnerische Formation, durchfliegen sie. Minutenlang dauert das Schauspiel, dieses Steigen, Fallen, Kreisen, Durcheinanderfliegen. Ich frage mich: was ist das für ein Spiel, dieser einheitliche Wille in diesem so scheinbar chaotischen Flug? Keine der beiden Formationen gerät in Unordnung, in Panik, jede Krähe weiß genau, in welcher Richtung sie zu fliegen hat, zu welchem Pulk sie gehört. Sobald der gegnerische Schwarm durchflogen ist, sammelt man sich, und das Spiel kann von neuem beginnen. Plötzlich drehen die beiden

Geschwader ab, als hätte sich zwischen ihnen eine unsichtbare Mauer aufgerichtet. Jeder Pulk setzt sich in einen anderen Baum, einen Krähenbaum. In den nackten Kronen ein Lärmen, Flattern und Schreien ...

Am Abend spüre ich, wie die Toten ganz in meine Nähe kommen, wie sie durch das Zimmer gehen, ich kann sie nicht sehen, nicht hören, aber die Katze hebt den Kopf, blickt fragend nach der Tür, ihre Augen werden immer größer, sie sieht mich an, sie läßt mich wissen, das wir nicht mehr allein sind.

Ich kann aufstehen, kann durch sie hindurchgehen, sie nehmen Platz an meinem Tisch, ich gebe ihnen von meiner unsichtbaren Speise – dem Wort.

7. Oktober

NEBEL. Keine Sonne durchdringt den dichten grauen Pelz, der über der Erde liegt. Die Tiefenwirkung ist verlorengegangen, keine Farben, keine Form, es ist, als würde man nur noch Scherben auflesen: hier ein Stück Dach, dort drüben eine Mauer, hinter dem Zaun die erloschene Kerze einer Sonnenblume, unbestimmbar der geographische Punkt, kein Echo kommt mehr auf dich zu, aber auch der Wind, der Tag und Nacht über die Insel streicht, liegt irgendwo in einer Kuhle und schläft. Im Mund ein fader, rauchiger Geschmack.

Der Nebel beschlägt nicht nur die Fenster, er trübt die Heiterkeit der Seele.

Beim Lesen des »Christophorus« wird mir von neuem bewußt, wie mächtig in diesem unvollendeten Werk die Ansätze sind, aber auch wie dunkel, wie verzehrend die Liebe. Dieses Buch gehört zu jenen Büchern, die man nicht zu Ende schreiben kann.

»Wolle nichts Abschließendes«, schreibt Hauptmann in seinen Notizen vom 30. 4. 1940 in Agnetendorf.

Sandkörner II

Im Rückspiegel gesehen sind es nur wenige Dinge, die man für sein Leben wirklich benötigt.

Wie kann etwas reifen, wenn es zwischen den Menschen immer kälter wird?

Leg dein Ohr an die Mauern der Stadt, das Getöse nimmt zu.

Bis in die Stunde des Ablebens das fortwährende Lauschen auf die Stimme des Lebens.

Nachtrag
Die Biographie eines Menschen, gleicht sie nicht auch einem Fluß? Da liegt immer noch etwas auf dem Grund, die Oberfläche verrät es nicht, die Jahre kommen und gehen, ziehen darüber hin, aber manchmal, wenn das Wasser klar ist, am frühen Morgen, spielt es von unten herauf, dann wird man es plötzlich gewahr ...

8. Oktober

ZWISCHEN den Aufzeichnungen finde ich ein altes beschriebenes Blatt. Ich weiß nicht, wann und wo ich diese Sätze niedergeschrieben habe, sie stürzen aus einer fernen Vergangenheit auf mich zu, voller Eifersucht, als wollten sie sagen: jahrelang hast du uns liegengelassen, vergessen, nun sind wir an der Reihe, sieh zu, wie du mit uns fertig wirst ...

Die Breitengrade haben sich verschoben, tiefverschneit liegen die Häuser der Stadt, über den Dächern steht ein kalter Mond, unter den Sohlen knirscht der Schnee.

Eine halbe Stunde vor Beginn der Aufführung erhielt ich an der Theaterkasse noch eine Karte, ich ahnte nicht, daß an diesem Abend der Dichter selbst anwesend sein wird. Das Parkett war nur bis zur Hälfte besetzt, auch der Rang war halb leer. Wer geht an einem solchen Winterabend schon ins Theater, in eine Tragödie, in »Rose Bernd«, wo sich in den Ländern Europas ganz andere Tragödien abspielen.

Nach der Aufführung wartete im Foyer eine Handvoll Menschen auf den greisen Dichter. Sie traten links und rechts in eine Reihe und bildeten so ein kleines Spalier. Auch ich stand unter den Wartenden, in der Uniform eines Flaksoldaten.

Ich sehe ihn noch heute die Treppe herabkommen, ganz langsam. Er trug einen schwarzen Wintermantel, um den Hals einen weißen seidenen Schal, an seiner Seite ging seine Frau. Ich versuchte die Gestalt des Dichters zu erfassen, auch wenn es nur im Vorübergehen war. Ich sah in sein Gesicht: es war ein Gesicht, für das es keine Grenzen mehr gibt. Solche Gesichter gehen von gestern ins Heute, von heute ins Morgen, ob man will oder nicht, man kann sie nicht vergessen.

An diesem Abend standen vor dem Schauspielhaus keine schwarzen Limousinen, wie einst nach der Premiere in Berlin, keine Kavalkaden setzten sich in Bewegung nach dem Hotel »Vier Jahreszeiten«, in kleinen Gruppen gingen die Menschen auseinander. Ein eisiger Januarwind fegte die Straße blank. In einer solchen Nacht hätte die Rose ihr Kind aussetzen müssen, irgendwo auf der Straße, an einer Haustür. Kein Würgegriff, der Frost hätte alles Weitere für sie getan.

Eine halbe Stunde später saß ich in einer Kneipe bei einem doppelten Grog. Vor dem Fenster fegte ein trockener Ostwind die »Straße der SA«. Plötzlich kam es auf mich zu, drängte sich an der Theke vorbei, wo ein paar Arbeiter ihren Weinbrand tranken, vorbei an den nackten hölzernen Tischen, dem schalen verschütteten Bier, immer näher kam es auf mich zu, packte mich an der Gurgel – das Heimweh.

Ich sah zum Fenster hinaus. Mein Gott, das Kommende war ja schon mitten in der Stadt, hat es denn keiner wahrgenommen? Deutlich konnte ich es erkennen: Wagen hinter Wagen, lauter Planwagen, voll bepackt mit Bettzeug, Hausrat. Hinter einem Schneeschleier zogen sie an meinen Augen vorbei, Kinder, Frauen, Greise, ein Fuhrwerk hinter dem anderen, und keiner hat sie angekündigt. Als der Schneesturm für einen Augenblick aussetzte, konnte ich die Wagen ganz deutlich ausmachen, sie alle hatten schwarze Planen, sahen aus wie wandernde Grabsteine. Und plötzlich war alles vorbei, die »Straße der SA« leer, vereist, blankgefegt vom Wind.

Als ich kurz vor Mitternacht die Kneipe verließ, verschlug es mir den Atem. Der Sturm hatte sich gedreht, er stürzte jetzt vom Riesengebirge die Hänge herab bis in die Straßen von Breslau.

Wir zeigten mit dem Arm in die Zukunft, doch keiner sah auf der Hand den Schnee, der nicht mehr taute.

9. Oktober

IN den letzten Tagen ist der Mond zu einer vollen Scheibe angewachsen, der ganze Himmel gibt einen Schein.

Ich gehe die Dorfstraße entlang. Schlafsatt stehen die Häuser, alles ist hinabgesunken in die nächtliche Stille, selbst das Meer hat sich zurückgezogen in den Schlaf, kein Wellenschlag, nur die mondflüchtige Zeit. Manchmal bleibe ich stehen vor einem Haus, einem Garten. Ich sehe die Bäume in ihrer steifen Nacktheit, die Äste schwarzfächerig, abweisend, ohne Blätter, aber auch die Sträucher, lauter nackte Ruten, nur da und dort ein paar Astern, sie scheinen im Mondlicht zu schwimmen. Irgendwo schlägt im Hafen ein Hund an, dann wieder diese Stille, hoch, weit, ein leichter Wind kommt auf, geht, rührt an den Zweigen. In den Dachluken glänzt es auf. Die Träume der Menschen hängen wie weiße Flore vor den Fenstern.

Ich gehe am Totenacker vorbei, der feuchte Sand schluckt das Mondlicht. Ich sehe die Grabsteine, die Kreuze, alles ist umflossen von einem toten Licht, nichts bewegt sich, kein Laut, niemand kommt, keiner geht, das Leben schläft sich hinüber in den kommenden Tag.

Weiter draußen, wo die offene Landschaft beginnt, wo keine Häuser mehr stehen, wird es hell. Vom Hafen her ein leichter Hauch, ein fauliger Geruch, dann steht die Luft wieder still.

Ich setze mich auf einen Stein und sehe hinaus in das Land. Hier schließen keine Bilder mehr an, hier ist Leere, nichts als Leere und dazu noch das fahle Licht des Mondes, der Sand knochenbleich hell, das Wasser im Bodden nicht ganz farblos, flüssiges Blei. Die Häuser von Grieben blassen kreidig herüber. Eine Landschaft wie mit Tusche gemalt und dazu noch das Licht, kalt, gefühllos, eine Helligkeit zum Fürchten.

Plötzlich stürzt aus dem Weltenraum ein Meteor und zieht seine leuchtende Spur schräg durch den Himmel. Kein einziger Laut ist zu hören, doch die Stille der Nacht ist für einen Herzschlag lang unterbrochen; unter dem rieselnden Mondlicht höre ich das leichte Beben der Zweige.

»Das Weltall hat von unserem Kommen gewußt.« Ich weiß nicht, wann und wo ich diesen Satz zum erstenmal gelesen habe, wenn ich mich recht erinnere, war es ein junger amerikanischer Wissenschaftler, der ihn geschrieben hat.

In jedem Menschen kommt uns ein Stück Unendlichkeit entgegen.

10. Oktober

ES war eine Strophe von vier Zeilen, die in meinen Morgentraum eintrat, die plötzlich da war, ganz deutlich sah ich sie vor meinen Augen, einen Text, den man nicht mehr irdisch nennen kann. Man hebt ihn auf, liest, will sich seiner bewußt werden, will ihn nach Hause tragen, hinüberretten in den kommenden Tag, da ist das Blatt wieder leer, da hat man die Zeilen schon wieder vergessen, aber man weiß, daß es eine himmlische Strophe war, so etwas wird dir im Leben niemals gelingen.

Schreiben hat für mich etwas Imaginäres, das Letzte muß man spüren, da gibt es keine Anweisungen, keine Regeln. Schreiben ist mehr als die Bewältigung des Stoffes, es gleicht dem Aufwind, der von unten her den Drachenflieger trägt, und in letzter Konsequenz, es ist wie beim Wein: Stoff hebt sich auf.

11. Oktober

DIE ersten Herbststürme fauchen über das Land, an der Steilküste wird der Lehm wieder sichtbar, in den Mulden steht das Wasser, dunkel und kalt.

An den Bäumen nur noch wenige Blätter, kahles Astwerk, verknäulte Kronen, vom Sturm ins Land gedreht. Die prallen satten Farben sind gelöscht, wohin das Auge auch blickt, die erdige Farbe dominiert, ja selbst die See ist bleich, grau, ausdruckslos. Kein Vogel zeigt sich am Himmel, nur der Geruch des Meeres ist seit einigen Tagen unbegreiflich intensiv.

Lektüre: Christophorus.

Bei Hauptmann gibt es immer noch den Erzähler, der von einem festen Standort aus eine überschaubare Handlung aufbaut. Die einzelnen Lebensläufe mit ihrem gesellschaftlichen Hintergrund, die Schicksalsverbindungen, sie werden immer noch erzählt. Das ganze Werk: ein breites episches Legato, ein Erzählerkontinuum, kaum ein Staccato. An keiner Stelle wird die Sprache durch Lyrismen zum Irrationalen hin geöffnet, selbst dort, wo der Dichter von der Reinkarnation des Menschen spricht, ist der Stil von einer nüchternen Gedanklichkeit. Der Wertverfall der Zeit wird noch nicht in einem Formzerfall gespiegelt.

Hauptmann hat in seinem Christophorus den Ansturm der faschistischen Barbarei auf seine Art und Weise abgewehrt. »Es muß mir genügen«, schreibt der Autor, »wenn ich das Heilandsknäblein über den reißenden Strom der gegenwärtigen Zeit in die Zukunft hinüberrette ...«

Der reißenden Ströme aber gibt es viele, unzählbar die Brände, die unser Auge nicht sieht, mit jedem Tag ein neuer Riß im Himmelsgewölbe. Es ist, als hätte der Mensch mit allem gerechnet, nur nicht mit sich selbst. Er hat sich selbst in die Enge getrieben, nun möchte er ausbrechen, sich gegen seine eigenen Taten erheben. Hat die Natur gewußt, daß ihr letztes und stolzestes Geschöpf sie eines Tages vernichten wird? Sie hat ihn mit so vielen guten Gaben ausgestattet, er aber dankt es ihr mit Brutalität, mit Zerstörung und Verfall.

Hauptmann wußte, wie sich die Entwürdigung des Menschen nach 1933 vollziehen wird:

In der ersten Phase geschieht das Unsichtbare, das kaum Wahrnehmbare. Es beginnt, daß man den Menschen unnötige Überlegungen scheinbar ersparen will, man gibt ihm etwas Vorgeformtes, Vorgedachtes in die Hand, und das alles von einer unglaublichen Subtilität.

Die zweite Phase der Entwürdigung: das Wort wird in seiner Weite und Vielfalt, in seinem Drang nach Freiheit und Vollendung begrenzt.

Die dritte und letzte Phase der Diktatur: die sichtbare Phase der Demagogie, die Zerstörung des Menschen ...

In den Tagebüchern von Oskar Loerke, er war jahrelang Lektor im S. Fischer-Verlag, finde ich folgende Notiz: »Hauptmanns Autobiographie von Schludrigkeiten des Diktierens, von Altersphrasen

Sonnenuntergang am Meer –
mit Rückenfigur im Vordergrund

befreit. Erschreckend, wie stereotyp dieser große Dichter sein kann. Etwa 5000 Änderungen.«

12. Oktober

LEKTÜRE. In einem Brief vom 23. Juli 1921 schreibt Carl J. Burkhardt an Hofmannsthal: »Auch in Dresden hat mich etwas bedrückt. Das Schöne war da und doch, wie durchscheinend, als sollte es einmal ohne Auferstehung verschwinden ...«

Der Gedanke, Dresden noch einmal wiederzusehen, war für Hauptmann zur Sucht geworden, eine Krankheit, die ihn gepackt hat, ein gespenstischer Plan. Noch einmal wollte er der Stadt begegnen, der Johanniskirche, in der er vor sechzig Jahren getraut worden war, der Brühlschen Terrasse, der Frauenkirche. Wie oft lebte er sein Leben unter einem undefinierbaren Muß, eingeordnet in das Gesetz einer höheren Freiheit, die für den Menschen nicht immer verständlich ist.

In der Nacht vom 13. zum 14. Februar 1945 ist es über Dresden hereingebrochen. Es gab keine Luftkämpfe, keine Nachtjäger, die die Bomber übersteigen und zum Angriff übergehen, es gab auch keine Sperrballons, kein gezieltes Abwehrfeuer der Flakartillerie, keine Piloten hingen in dieser Nacht an den Fallschirmen, der Himmel war voller brennender Christbäume, die ihr kaltes, grelles Licht auf die Erde herabstrahlten. In einer sinnlos-großartigen Ruhe zogen die viermotorigen Bomber ihre Bahn.

Was Hauptmann in dieser Nacht erlebte, war der Urgrund des Grauens, der Ausbruch des Ätna hätte nicht gewaltiger sein können, furchtbarer, erschreckender. Ganze Feuerbäume wurden von den Bombern in die Straßen gesetzt, unterweltsfeurig loderte es an beiden Seiten der Elbe auf. Ganz deutlich konnte Hauptmann von Oberloschwitz aus die alten Straßen und Plätze unter dem grellen Magnesiumlicht ausmachen. Für einen Augenblick lang sah er, von Funken umtanzt, die Kuppel der Frauenkirche.

In dieser Nacht gab es für die Menschen dieser Stadt keine Rettung mehr, keinen Ausweg, keine Flucht. Wohin sollten sie auch fliehen, hinaus auf die Straße, in den Garten, zurück in den Keller? In diesen Stunden gab es nichts mehr zu entscheiden, überall lauerte der Tod, ja selbst auf dem Friedhof stiegen aus den Gräbern die Flammen empor. Keine Schreie, der Atem vor dem Mund verglühte, so groß war die Hitze, man hörte nur noch die Stimme des Feuers.

Es sirrte und schwirrte in der Luft. Leise rieselte die Asche im Park von Oberloschwitz durch die kahlen Baumkronen, unter denen Hauptmann stand. Und immer neue Bomberwellen spie die Nacht ans Licht, zu Hunderten kamen sie angeflogen, Welle auf Welle.

Brennend stürzten sich die Menschen in das Wasser der Elbe, lebende Phosphorfackeln. Keine Heilrufe mehr, nur noch das wütende Geprassel der Flammen, Feuerstürme, keine Teilhaberschaft mehr an der Macht. Die Antwort der Geschichte:

Dresden, ein riesiger Verbrennungsofen. Was Hauptmann in dieser Nacht nicht sah, das waren die Toten, die verkohlten Leichen, diese schwarzen unförmigen Klumpen Fleisch. Hast du in deinem Leben jemals ein verkohltes Menschenherz gesehen?

Was Hauptmann in den kommenden Tagen nicht sehen konnte, waren die Männer, die in Schutzanzügen die Toten einsammelten, auf offene Lastkraftwagen warfen und vor den Toren der Stadt, in einer riesigen Grube, mit Chlor bestreuten.

Er tastete sich über die mondhelle Fläche des Gartens zurück, begleitet von seinem eigenen Schatten, zitternd kam er an der Haustür an, unwissend, wo er war. Er wußte nicht, wie er in sein Zimmer kam, plötzlich stand er vor seinem Bett, die Wangen eingefallen, zugeschnürt die Kehle, sein Gesicht sah aus wie ein aschiger Stein, was zurückblieb, war die Leere, die kreatürliche Leere.

Was war in dieser Nacht geschehen, hat ihn das Schicksal endgültig fallengelassen? Bis zu dieser Stunde hat es ihn immer noch gehalten, vor dem Letzten bewahrt. Nun aber wußte er, das Grauen stand plötzlich auch hinter seiner Tür, der Tod hatte einen Augenblick lang die Hand auch auf seine Schulter gelegt. Nun wollte er zurück, nichts als zurück nach Agnetendorf. Er hat es geahnt, daß es noch einmal auf ihn zukommen würde, sein Vorwissen hat ihn nicht betrogen. Er wußte aber auch, daß Agnetendorf nur noch eine Gnadenfrist sein kann, die ihm das Schicksal im Schatten seiner Berge noch einmal gewährt.

Ehe er einschlief, sah er vor seinen Augen das uralte Bild: einen Mann, der sich aus der brennenden Stadt schlägt. Es war aber nicht Äneas mit seinem greisen Vater auf dem Rücken, es war Christophorus, der ein Kind durch das Flammenmeer trug.

Lektüre. Zwiesprache mit Hauptmann.
Agnetendorf, am 10. Dezember 1943: »Ich habe eine mehr als vierzigjährige Friedenszeit erlebt. Den Sinn des Friedens haben wir alle gekannt – den Sinn des Krieges hat wohl niemand begriffen.«

Hauptmanns Selbsttäuschung: »Hitler würde den guten Kern des deutschen Volkes nicht korrumpieren können ...«

13. Oktober
ES regnet durch den Tag, durch die Nacht, das Licht über der Insel ergraut, längst hat der Sturm das Laub von den Bäumen gefetzt, die letzten grünen Blumenstengel sterben ab, nachts tropft es in die Dachrinne, es hört sich an, als wäre eine hundertfüßige Schafsherde auf dem Weg in den Stall. Das Laub strömt einen feuchten, bitteren Herbstgeruch aus.

Um diese Jahreszeit sind die Ufer leer, da wird an den Stränden nichts mehr verkauft, kein blauer Himmel, kein Sonnenschein, keine Strandkörbe. Das Meer gleicht einer alten abgezogenen Elefantenhaut.

Lektüre. Aus der Pension Glarisegg schreibt im Jahre 1922 Carl J. Burckhardt an Hofmannsthal: »Die Mittel, unsere Welt zu zerstören, werden in den Händen von ganz wenigen liegen, und es gibt für mich keinen zwingenden Grund, der mich verhindern könnte, anzunehmen, daß diese wenigen satanisch-kluge politische Erfolgsmenschen sein könnten, natürlich in Schafspelze gehüllt, triefend von zwingender Modeethik, begabt mit der Schaffung von Hypnoseformen, durch welche dann alle Erscheinungen für die ›Peter Squenze‹ der mittleren Welt mundgerecht verzaubert werden. Noch ein Krieg, und wir werden unter dem Druck der Angst, des Hasses, des Zorns Zerstörungsmittel ersinnen, die uns dann endlich die furchtbare Antwort der von uns so umworbenen Materie geben werden. Einmal über Nacht wird alles nur noch nackte Gewalt sein, nur noch entfesselte Kraft. Aber auch hier hineinbrechen wird man mit dem Optimismus irdischer Paradiese, man wird sie mit moralischen Argumenten beschönigen, so lange, bis es dann auch den selbstgerechten Schwindlern das Mundwerk verschlägt. Oder glauben Sie, daß mit dem Bewußtwerden der Gefahr der Urtrieb des Menschen, zu siegen und im Siege moralisch triumphieren zu dürfen, endlich einmal hinter den Selbsterhaltungstrieb zurücktreten wird?«

Was willst du mit Europa tun, fragte die Sibylle von Cumae den Menschen. Einschmelzen wie ein Stück Blei?

14. Oktober

CHRISTOPHORUS:»Ich stehe nicht an, es hier auszusprechen: Ein neues Gesetzbuch zu schaffen, ist notwendig.«

Ein neues Gesetzbuch? Wir sind nicht mehr die Kinder Moses, denen man eine Handvoll Gesetze mit auf den Weg gibt. Solange der Mensch nicht erkennt, daß er sich selbst ein Gesetz ist, wird jedes neue Gesetzbuch nur bedingt wirksam sein.

Wir wissen längst, wie das Leben der Menschen enden wird, wenn wir ihm keine neue Richtung geben. Immer deutlicher zeichnet sich der Ernst der Lage ab. Wir leben in einer Welt voller Sickerstellen, wo man das Gift nicht mehr sieht, nicht mehr riecht, nicht mehr schmeckt, es sickert einfach weg, doch unter den Sohlen wirkt es weiter. Wir haben keine Zeit mehr zu verlieren, die Kriege in unserem Jahrhundert werden umfassender geführt. Ausbeutung und Unterdrückung haben unvorstellbare Dimensionen angenommen. Der Fluch der Geschichte: der Mensch hat sich immer wieder über den Menschen gesetzt, sich selbst erhoben, um den anderen zu treten, das ist seine Dunkelspur, sie führt bis in den heutigen Tag.

15. Oktober

DEN ganzen Abend sitzt auf meinem Ohrensessel die Katze und blickt mir beim Lesen über die Schulter.

Es ist eine ganz gewöhnliche Hauskatze, auf Hiddensee geboren, in Kloster, in einem Gasthof.

Wie sie heißt?
Swantie.
Was man von einer Katze lernen kann?
Geduld, vor allem aber Stille, kaum vorstellbar, wie tief eine solche Katzenstille am Abend sein kann.

Es gibt Verkümmerungen, seelische Verkümmerungen. Da wird einer Katze vor der Kinderbibliothek in Gotha der Strick um den Hals gelegt, die Kinder wollten sehen, wie es ist, wenn man ein Lebewesen stranguliert; da wird mitten auf dem Schulhof, in der großen Pause, ein Igel mit Benzin übergossen und angezündet; da wird einem Schäferhund, der vor der Bibliothek auf seinen Herrn wartet, Spray in die Augen gesprüht, der Hund erblindet. Sicher sind es Grenzfälle, dennoch muß man sich fragen: Was geht in diesen Kindern vor, wie wird hier gefühlt, gedacht, gehandelt?

Vielleicht lernen die Kinder heute schwerer als wir, daß man im Gesetz bleiben muß, das uns das Leben gibt. Unter dem Gesetz stehen, heißt aber auch: in eine höhere Ordnung übergehen.

16. Oktober

IN den Notizen zum »Neuen Christophorus« finde ich unter dem 25. 2. 1938 folgende Anmerkung: Mephitis – Göttin der verdorbenen Luft.

Ich will nicht behaupten, daß es diese Erscheinung an unseren Küsten schon einmal gegeben hat, doch die ersten Anzeichen deuten darauf hin, daß es auch auf uns zukommen wird ...

Ein seltsames Wetter hat sich in den letzten Tagen über der Insel ausgebreitet. Einen solchen Wetterumschlag haben wir überhaupt noch nicht erlebt, sagen die Fischer. Ein feuchter, aufgeheizter Wind kommt vom Meer her auf die Insel zu, ein eigenartiges Klagen liegt in der Luft, die Vögel brechen ab mitten im Ruf. Geräuschlos kommt es auf uns zu, kein Sturm, keine Gischtmassen, alles ist still, totenstill, auch in den Bäumen. Die See hat plötzlich eine gelbe Farbe angenommen, wie bei einem Sonnenuntergang, dann aber wird das Wasser rot. Ein riesiger blutroter Teppich breitet sich vor der Küste aus, als kämen sämtliche Staatsmänner der Welt zu Besuch. Das ist kein Ostseewasser mehr, ein fauliger Geruch steigt an den Steilküsten hoch, Milliarden von einzelligen Lebewesen treiben auf die Insel zu. Das Meer, eine giftige viskose Brühe. Ein breiter Saum toter stinkender Fische zieht sich von Lübeck bis hinüber nach Gdańsk.

Kein Leser muß es annehmen, was hier geschrieben steht, ich verlange nicht, daß er es glaubt. Woher aber kommt die Rote Flut? Erinnere dich: Kobalt, ganz richtig, der Kobaltspiegel in den Meeren beginnt zu steigen, die ungezügelte Vermehrung der Dinoflagellaten hat begonnen.

Bei der letzten Roten Flut an den Küsten Floridas wurden fünfzig Millionen Fische getötet. Alles starb ab, der Schellfisch, der Hummer, die Garnele, der Krebs, ja selbst das Leben in den Muscheln war vergiftet. Die Dinoflagellaten waren nicht mehr in der Lage, ihre Vermehrung zu steuern; sie könnten eines Tages sämtliche Fische in den Weltmeeren töten.

Wissenschaft und Technik haben in den letzten hundert Jahren unvorstellbare Lasten von den Schultern der Menschen genommen, und doch, so will mir scheinen, hat man diese Lasten nur auf andere Schultern verteilt. Aber der Rücken der Fische ist nicht breit genug, auch die Schwingen der Vögel sind zu schmal, nun müssen die Flüsse, die Meere die Lasten selber tragen, auch die Wälder stehen schon ganz gebückt, die Bäume haben ihre Nadeln verloren, und auch die Luft hat nicht mehr diese rosenfingerige Morgenröte, sie ist alt und grau geworden, aschig im Gesicht.

Mephitits – Göttin der verdorbenen Luft.

Ich erinnere mich an meinen ersten Aufenthalt in den Abruzzen, an L'Aquila.

Den ganzen Tag hatte ich den Staub im Gesicht, die Hitze, die Trockenheit, und am Abend gab es kein Wasser im Hotel, Kanne und Waschbecken blieben leer. An jenem Abend ging ich hinaus an den Brunnen mit den neunundneunzig Röhren, zu diesem herrlichen Wasser, das aus den Abruzzen kommt und durch die Röhren fließt. Das war noch ein Wasser ohne Chlor, ohne Fluor, ein Wasser, das man mit Verwunderung und Andacht trinkt, sprudelndes Quellwasser aus neunundneunzig Röhren. Ich könnte irre werden, wenn ich zurückdenke an dieses Wasser, an diese Luft ...

17. Oktober

DIE halbe Nacht lag ich wach und hörte auf den Sturm, der über die Insel hinwegging. Dieses Brausen, Toben, Anhalten und Flüstern war Musik für das Ohr, dieses Zischen und Gurgeln der Brandung ...

Morgenlektüre. Zwiesprache mit Hauptmann.
Agnetendorf, am 3. Februar 1944. Der neue Christophorus: »Ja, um dessen Sarggeburt ist soviel hergemacht worden, daß ich wahrscheinlich die Leser enttäuschen werde; denn ich kann natürlich nicht einen Menschen hinstellen, der nun gleich nach dem halben Verfall des Christentums eine neue fertige Weltordnung schafft. Es muß genügen, daß er einige Stufen dazu legt. Mehr kann ein Mensch nicht. Leben ist gleichbedeutend mit Erleiden. Aber im Erleiden liegt doch auch zugleich ein Genießen, und es gäbe keine Aktivität ohne das. Der Zustand in einem Vorhimmel etwa, wo es weder Hunger noch Durst gibt, ist als etwas Verlockendes nicht vorzustellen.«

Ich sehe eine Fotografie aus dem Jahr 1932: unter einem alten zerknitterten Hut, der Filz ist tief in die Stirn gedrückt, ein plebejisches Gesicht mit einer kräftigen fleischigen Nase. Der Mann trägt einen Rollkragenpullover, der Mantelkragen ist hochgeschlagen.
Es ist eine Aufnahme, die über das vordergründig Physiognomische hinausgeht, eine Fotografie, die auf das Dahinterliegende im Menschen deutet,

keine Idealisierung, der Fotograf scheint auf eine Korrektur des Wahren verzichtet zu haben. Diese Aufnahme gehört nicht zu den typischen Bildern, die dem Betrachter etwas vorlügen oder verheimlichen. Wie oft wird mit dem steigenden Ruhm aus dem Gesicht eines Menschen das Gesicht eines Olympiers.

Diese Fotografie ist eines der ehrlichsten Bilder, die ich von Hauptmann je gesehen habe. Kein Versuch, Goethe vom Äußeren her zu imitieren, auch kein Hinweis auf Unsterblichkeit, kein Nobelpreisträger, auch weit entfernt von einem Doctor litterarum honoris causa. Diese Fotografie will auf jegliche Deutung verzichten, es ist ein Bild ohne transzendierendes Fluidum, denn auch er war nur ein Mensch, ein Heimgesuchter, ein Irrender, ein Mensch, der des Trostes bedürftig war.

Für mich steht Hauptmann auch heute noch da wie ein gesunder Baum inmitten einer skeptischen Welt.

Sandkörner III

Der Engel aus meiner Kindheit hat keine Stimme mehr, er hat die Sprache verloren, nur des Nachts, wenn ich erwache, ist das Kopfkissen naß von seinen Tränen.

Was wir heute auch schreiben, es ist unzureichend gegenüber den Bedrohungen, die von allen Seiten auf den Menschen zukommen.

Das Wort ist unsere Erinnerung, aber auch unsere Zukunft.

18. Oktober

SEIT Tagen treibt mich Unruhe über den Dornbusch. Es ist nicht die Unrast, die früher oder später in die Tätigkeit des Schreibens übergeht, ich beginne gewisse Dinge des Lebens mit anderen Augen zu sehen.

Man kann sich nur schwer vorstellen, daß es die Wissenschaften sind, die uns die Mittel in die Hand gegeben haben, Abgründe aufzureißen, in denen eines Tages die ganze Menschheit untergehen kann. Max Born hat bereits 1965 gewarnt: »Es kommt darauf an, daß die neue Generation es fertigbringt, umzudenken. Wenn sie es nicht kann, so sind die Tage der zivilisierten Menschheit gezählt.«

Umdenken. Es gibt Völker, die sich ins Unüberschaubare vermehren. Wie aber würde das Leben aussehen, wenn eines Tages zehn oder fünfzehn Milliarden den Erdball bevölkerten? Wieviel Quadratmeter Raum werden uns dann zur Verfügung stehen für unser Denken, Fühlen und Handeln, wieviel Quadratmeter Einsamkeit? An welchen Psychosen werden wir leiden? Werden wir an Gehirnblutung sterben, an Platzangst, weil der Zwischenraum zwischen den Lebenden von Jahr zu Jahr kleiner wird? Schon heute beginnt unsere Erde unter den Milliarden zu schrumpfen, wird ausgesaugt wie das Insekt im Netz einer Spinne.

Was würde die Bevölkerungsexplosion für die Geschichte des Menschen bedeuten, für sein weiteres Schicksal, für das Individuum? Es ist weniger die Zahl, meine Sorge gilt dem Rang, den die Geschichte dem Menschen zugemessen hat. Läßt ein solcher Zuwachs darauf schließen, daß der Wert des Menschen nicht mehr im Individuum liegt, daß die einzelne Erscheinung zugunsten unübersehbarer Massen aufgegeben wird? Besteht zwischen der Bevölkerungsexplosion und dem unvorstellbaren Vernichtungspotential der A-, B- und C-Waffen ein unmittelbarer, für den Menschen noch nicht feststellbarer Zusammenhang? Wird in Zukunft dem Menschen nur noch der einzelne Ton mitgeteilt und nicht mehr die ganze Melodie?

Umdenken. Ich denke an Madame Curie, an die radioaktiven Elemente Polonium und Radium. Durch diese Entdeckung ist der Mensch in eine neue Epoche eingetreten, in das Zeitalter der Alpha-, Beta- und Gammastrahlen.

Wohin wird dieses Zeitalter den Menschen führen, in eine Welt der unvorstellbaren Möglichkeiten, oder führt es ihn für immer aus der Geschichte heraus? Zum erstenmal hat der Mensch kosmische Energien in der Hand, zum erstenmal rüttelt er an den Toren seines Sonnensystems. Wenn der Mensch dieses Zeitalter bestehen will, muß er geistig neu geboren werden oder – er wird zerstrahlt. Das Licht der Atombombenexplosion blendet, es erleuchtet nicht. In einer solchen Epoche muß die prophetische Stimme des Menschen stärker sein als die historische. Müssen erst Katastrophen über uns hereinbrechen, ehe der Mensch zum Umdenken bereit ist?

Erleben wir heute nicht auf fast allen Gebieten des Lebens eine Krise? Der Mensch verwendet seine Energie ausschließlich nach außen. Dynamik und Expansion können zum Verhängnis werden, wenn sich der Mensch nicht selbst Zügel anlegt. So groß ist der Vorrat nicht, den uns die Erde zum Leben zur Verfügung stellt, wir werden sparsamer mit den Dingen der Natur umgehen müssen, mit den Rohstoffen, dem Wasser, der Luft. Wir öffnen die Türen immer noch mit einem falschen Schlüssel, auf falschen Frequenzen suchen wir nach dem Erfolg. Der Mensch wird sich in seinem Denken und Handeln einen neuen Anfang setzen müssen, wenn er überleben will. Einen neuen Anfang setzen heißt aber auch, den ungewohnten Gedanken mehr Raum geben als bisher.

Umdenken heißt für mich: frei werden von den Suggestionen, die Tag für Tag über uns hereinbrechen, vom eigenen Denkvermögen wieder Gebrauch machen.

Umdenken heißt für mich: dem Leben eine andere Richtung geben, zu neuen Lebensformen aufbrechen, den Vogel aus dem goldenen Käfig nehmen. Umdenken heißt aber auch: die Einbildungskräfte des Menschen stärken, seine Vorstellungskraft, Phantasie ist der erste Schritt zur Veränderung. Die Visionen des Menschen, seine höhere Phantasie, sind von größerer Einwirkung auf die Wirklichkeit als ein Verstand, der sich nur am Bestehenden orientiert.

Der Mensch muß für das Leben auf der Erde wieder verantwortlich zeichnen und nicht nur für seinen eigenen Erfolg. Wenn wir nicht umdenken, gehen wir einer neuen Steinzeit entgegen.

Klio balanciert auf einem unsichtbaren Gammastrahl.

19. Oktober

WIR sitzen an einem großen runden Tisch, der Pastor macht den Mundschenk. Glühwein wird gereicht, Zimt und Nelken duften stark aus dem Getränk heraus. Es sind dickwandige rauchgraue Gläser, aus denen wir trinken. Neben dem Pastor sitzt ein junger Mann in einem hellgrauen Pullover, er ist groß, sein Gesicht breitflächig, bärtig, es ist sein Schwiegersohn, er arbeitet als Dozent an der Hochschule für Musik. Neben mir sitzt der Doktor. Er rückt seinen Sessel näher an den Tisch heran, zündet sich die Pfeife an.

Wir sprechen über dieses und jenes, erinnern uns an die Ereignisse der letzten Tage, an das Kommen und Gehen der Politiker, und plötzlich, ich weiß nicht, wie es kam, fällt das Wort Geschichte. Der Dozent aus Leipzig erzählt, daß die Mehrzahl seiner Studenten ziemlich teilnahmslos der Geschichte gegenüberstehen.

Das darf Sie nicht wundern, sagt der Doktor, Geschichte ist heute eine ziemlich trockene Wissenschaft.

Ich erinnere dich an Goethe, dem das Beste an

der Geschichte der Enthusiasmus war, den sie erregt, sagte der Pastor.

Enthusiasmus? Du mußt dir das eine oder andere Lehrbuch einmal in Ruhe ansehen, antwortet der Doktor, was man die Schüler heute lehrt ist allzuoft nur ein Knochengerippe, ein Skelett, das atmende Fleisch fehlt. Wie kann sich ein junger Mensch für Geschichte begeistern, wenn die Texte selbst ohne Begeisterung geschrieben sind.

Ich muß Ihnen zustimmen, sagt der Dozent, Geschichte lebt nicht nur von handgeschriebenen Dokumenten, den gesicherten historischen Fakten, Geschichte ist immer auch menschliches Schicksal. Unsere Lehrer aber jagen selbst noch in den Abiturklassen mit unverantwortlicher Schnelligkeit durch die Jahrhunderte. Wer kann sich bei einem solchen Tempo noch ein Bild von der Antike machen, vom Mittelalter? Und noch etwas: ich habe in den vergangenen Monaten »Krieg und Frieden« gelesen. Vielleicht ist es die Dichtung, die Poesie, die uns Geschichte am lebendigsten vermittelt; Geschichte ist nun einmal Leben, und Leben muß erzählt werden.

Ich glaube, daß das naturwissenschaftliche Denken den jungen Menschen heute leichter fällt als die Beschäftigung mit der Geschichte, sagt der Doktor. In den Naturwissenschaften haben wir es ausnahmslos mit meßbaren Werten zu tun, man beherrscht die Mathematik, kennt Gesetz und Kausalität. Geschichte ist keine mathematische Dimension, da ist vieles, was sich scheinbar widerspricht, sich selbst in Frage stellt. Ich erinnere mich an meine eigene Studentenzeit. Für mich war Geschichte ein ungeheures Labyrinth, da waren Haß, Liebe, Verrat, Ausbeutung, Unterdrückung, überall stieß ich auf Wahrheiten, die sich gegenseitig widersprachen, ich hätte irre werden können an dem zur Geschichte erhobenen Irrsinn der Menschen.

Nach diesen Worten blickt der Doktor zu mir: Und was sagst du, Johannes?

Du wirst auch in Thüringen so manchem Menschen begegnen, der sich aus der Geschichte selbst entlassen hat, der sich jeder Verantwortung durch Teilnahmslosigkeit entzieht. Klio verliert an Überzeugungskraft, man kehrt ihr den Rücken.

Geschichtsverdrossenheit, fragt der Doktor.

So hart würde ich die Dinge nicht ansprechen, obwohl ich in den letzten Jahren bei vielen jungen Menschen eine Übersättigung durch Tagespolitik festgestellt habe. Die Wurzeln liegen tiefer. Ich erinnere mich an die eigene Schulzeit, an meinen Geschichtslehrer Bruno Wittek. Vielleicht sprach er über die Köpfe hinweg, wenn er uns von den böhmischen Königen erzählte, von den Přemysliden, vom Bruderzwist im Hause Habsburg. Jede Geschichtsstunde war für uns ein Fest. Er hatte ein paar Romane geschrieben, einen Roman über Nikolaus Lenau, über Ditters von Dittersdorf, keine bedeutenden, aber immerhin, er konnte erzählen.

Wenn ich dich recht verstehe, hat er Funken aus eurer Seele geschlagen, sagt der Doktor.

Er hat uns aber auch erzählt, was im Mittelalter über den einfachen Menschen nicht alles hereingebrochen ist, er hat uns teilnehmen lassen an seinem Schicksal, bei seinen Worten fühlten wir, was die Griechen Ananke nannten. Heute würde ich es die Nichtumkehrbarkeit des Lebens nennen.

Der Dozent langt nach dem Krug, schenkt sich ein, trinkt das Glas halb leer und sagt: Begriffe allein reichen nicht aus, es kommt immer wieder auf das Bild an, das in der Seele eines Menschen zurückbleibt. Und gerade deshalb hat Geschichtsschreibung für mich immer auch etwas mit Kunst zu tun. Dort, wo das künstlerische Denken verlorengeht, besetzen technokratische Vorstellungen den freien geistigen Raum und binden den Menschen an Sachzwänge.

Es gibt im Leben noch etwas anderes als eure Lehrbücher, sagt der Pastor.

Wie soll ich das verstehen, fragt der Doktor.

Wenn ich übers Land gehe, wenn ich reise, wenn ich vor dem Quedlinburger Dom stehe, jeder Stein redet da mit mir. Geschichte, überall auffindbar, in den Städten, den Gemeinden, in den Gedanken und Handlungen der Menschen, wenn auch da und dort nur wie ein dünner Schleier.

Meine Herren, noch eine Flasche Rotwein, fragt hinter unserem Rücken der Kellner.

Warum nicht, antwortet der Doktor, aber diese Flasche geht auf meine Rechnung.

Der Kellner setzt uns einen »Blaufränkischen« auf den Tisch.

Was wissen wir überhaupt über den Sinn der Geschichte, fragt plötzlich der Dozent.

Über den Sinn der Geschichte? Lieber Freund,

es gehört zu den Gebrechen unserer Zeit, daß wir für viele Dinge keinen Sinn mehr finden, sagt der Doktor.

Eine Frage, die weit über den heutigen Abend hinausgeht, sage ich. Für mich ist Geschichte ein zeitlich begrenztes Phänomen, geographisch abgrenzbar. Ich erinnere mich an meinen Aufenthalt in der Volksrepublik China. Schon damals habe ich mich gefragt, was bedeutet einem Chinesen Prinz Eugen, Friedrich II. mit seinen siegreichen Preußen, historische Randerscheinungen, nicht mehr und nicht weniger. Wir dürfen nicht vergessen, daß es neben der europäischen Geschichtsschreibung durch Jahrtausende hindurch Kulturkreise gab, die nach anderen Vorstellungen und Ideen gelebt, gedacht und gehandelt haben. Geschichte ist für mich etwas Vergängliches, und gerade deshalb gehört auch sie zu den großen Gleichnissen, die der Menschengeist geschaffen hat.

Ich möchte wissen, was die Geschichte in den kommenden hundert Jahren mit uns vorhat, sagt der Pastor.

Die Geschichte? Sollten wir nicht lieber fragen, was der Mensch mit dem Menschen vorhat. Ich habe Klio in meinem Leben noch niemals weinen gesehen, es war immer nur der Mensch.

Und warum der Kampf, die Sorgen, die Leiden, die Mühen, sagt der Dozent, das alles kann doch nicht umsonst gewesen sein, für nichts und wieder nichts, das Ziel unseres Werdens kann auch nicht der Wärmetod der Erde sein, wie es die Physiker uns heute lehren.

Nicht nur das Leben des einzelnen, auch die Geschichte ist ein Werden, Suchen und Irren, sagt der Doktor, vielleicht liegt ihr Sinn, ihre Größe gerade in dieser Unvollkommenheit.

Da bin ich anderer Auffassung, sagt der Pastor, die ganze Erde ist dem Menschen heute in die Hand gegeben. Man kann dem Leben einen metaphysischen Sinn nicht absprechen. Könnte Geschichte nicht auch eine Pflanzstätte sein für die irdischen Metamorphosen des Menschen, für eine höhere geistige Individualität?

Ich habe nichts gegen Ihre metaphysischen Vorstellungen, sage ich zum Pastor, doch für mich ist Geschichte noch etwas anderes. Ich darf Sie an den alten Herrn aus dem Haus »Seedorn« erinnern. Hat er nicht gesagt: »Der wahre Mensch bleibt ein Wegebauer ...« Wege bauen, darauf kommt es heute an, Tag und Nacht müßte man Wege bauen von Mensch zu Mensch, von Volk zu Volk oder wie Hauptmann sagt: »von Auge zu Auge, von Ohr zu Ohr, von Bewußtsein zu Bewußtsein.« Und noch etwas, verehrter Pastor, kann uns die Geschichte nicht auch ein Stück Heimat sein, Rückbesinnung, Verwurzelung, eine Handreichung über die Jahrhunderte hinweg? Erst heute früh las ich im »Christophorus« folgende Notiz: »Der Knabe sah drei schöne und rätselhafte Städte auftauchen, von denen, ohne daß der Knabe es wußte, die eine Dresden, die zweite Wittenberg und die dritte Hamburg war ...« Könnten diese drei Städte nicht auch als Symbol für die Geschichte schlechthin stehen? Lebensglück, Geistesmacht, Freiheit, eine Freiheit, die allen Völkern der Welt Länder und Meere öffnet. Geschichte darf nicht in den Abgrund führen.

Der Doktor steht auf, klopft am Ofen die Pfeife aus und geht hinüber ans Fenster. Es ist spät geworden, die Uhr an der Wand schlägt elf.

20. Oktober

EIN zarter kristallklarer Morgen, viel zu zerbrechlich für die Hände der Menschen.

Um die Mittagszeit treibt es mich hinaus auf den Friedhof. Voller Unruhe gehe ich an den alten Grabstätten der Fischer und Fahrensleute vorbei. Man kann die Inschriften auf den Grabsteinen kaum noch entziffern, aber auch die gußeisernen Kreuze sind halb schon verrostet, mit den Losungen der Vögel bedeckt. Es riecht nach welkem Laub, nach Moder.

Plötzlich schlägt die Glocke der Kapelle an, aber kein Glöckner ist zu sehen, der Weg zur Kirche ist leer. Es war ein einziger Schlag, nicht mehr, kein Mittagsgeläut. Erschrocken bleibe ich stehen. Wer war es, der gegen den Glockenrand schlug, den Klöppel bewegte?

An der Südseite der Kirche sehe ich einen Gärtner, der die Rosenstöcke mit Reisig bedeckt. Ich frage, ob er den Schlag der Glocke gehört hat. Er richtet sich auf und blickt mich voller Verwunderung an. Nein, einen Glockenschlag hätte er nicht gehört, dann zieht er aus der Weste eine alte Taschenuhr und zeigt mit dem Finger auf den großen

Zeiger. Zwanzig Minuten vor zwölf, sagt er zu mir, dann dreht er sich um und arbeitet weiter. Langsam gehe ich an der Kirche vorbei, vor seinem Grab bleibe ich stehen ...

Die winterlichen Tage seines Lebens waren angebrochen. Über seinem Haus das fahle Licht des Novembers, Schneewind, Allerheiligen, Allerseelen. Keine Gespenster suchten ihn auf, es waren die Toten des Krieges, die Gefallenen, die nachts an seine Fenster pochten, es war die Schuld der Schuldlosen, sie alle trugen das gleiche erdgraue Kleid.

Will man den Überlieferungen Glauben schenken, so muß in den letzten beiden Kriegsjahren auf dem Wiesenstein eine gespenstische Heiterkeit geherrscht haben, eine Heiterkeit, die einer Flucht gleichkam. Die meterdicken Mauern gaben kaum noch Schutz, auch der Bergfried, der die Dämonen schrecken und den Feinden ein Leben lang Trotz bieten sollte, gab keine Sicherheit mehr. Von allen Seiten brach das Chaos in sein Leben ein, in sein Denken, Fühlen und Handeln. Er redete das Gebirge an, es schwieg, er suchte das Gespräch mit den Bäumen, sie blieben stumm, das Leben schien plötzlich ohne Antwort zu sein, er wußte: gemordetes Leben öffnet nicht mehr den Mund.

In diesen letzten beiden Jahren schrieb er sich noch einmal durch die meterdicken Mauern seiner Trutzburg hindurch: »Wenn ich auch nur täglich fünf Zeilen am Neuen Christophorus schreiben kann, so muß es geschehen.«

Im Frühjahr 1946 sind die letzten Tage seines

Lebens angebrochen. Man muß die weißen Stellen in den Überlieferungen wohl selbst ausfüllen, den ausgesparten Raum. Seine Sprache geisterte nur noch über einen unsichtbaren Abgrund hinweg: Erkältung, hohes Fieber. Am 3. Juni fragt er seine Frau: »Bin ich noch in meinem Haus?«

In diesem Augenblick begann der Abschied, sehr langsam trennte er sich von dem, was ihn jahrelang umgab. Vielleicht sah er von seinem Fenster aus noch einmal auf die Tannen, die sich im Frühlingswind bewegten.

Sein Gesicht, so erzählte man sich später, hätte sich sehr schnell verändert, es sei unkenntlich geworden, war abgemagert bis auf die Knochen ...

Das Sterben nimmt uns nichts ab, es gibt immer noch etwas hinzu.

Agnetendorf, am 3. Februar 1945
»Mein Werk ist ein Fanal der alten Zeit! Aber in Erdmann, ja in Erdmann verkörpert sich die ewige Neugeburt!«

21. Oktober

ICH hatte mich mit dem Gedanken schlafen gelegt, pünktlich um sechs Uhr früh aufzustehen. Ich wache auf, sehe auf die Uhr, es ist zehn Minuten vor sechs. Langsam kleide ich mich an, stecke mir eine trockene Semmel in die Kutte und stehle mich durch die Hintertür aus dem Haus. Erst auf der Straße, als ich den kühlen Nachtwind spüre, werde ich vollends wach. Ich sehe hinauf zum Himmel, das Firmament ist klar, nur ein paar Wolkenfelder, streifig vom Mondlicht, im Westen eine Wolkenbank, schwarz.

Die Häuser von Kloster bleiben zurück. Der Weg führt mich hinüber zum Bessin, zu den Sanddornbüschen, dem offenen Meer. Noch aber huschen die Schatten der Nacht über die Wiesen dahin, ein leiser Wind weht geisterhaft vom Meer her auf die Insel zu. Ich setze mich auf einen alten Baumstumpf und warte den Sonnenaufgang ab. Es ist still, ganz still, nur manchmal zischelt es im Gras. Ich sehe vor meinen Augen das schwarze Wasser und darüber noch die ganze Nacht, kein Licht, kein Ruf, aber der Himmel ist klar, mein Wunsch scheint aufzugehen. Hinter meinem Rücken das abziehende Heer der Nachtwolken, grau, chaotisch.

Plötzlich vernehme ich an meinem Ohr eine verhaltene Stimme. Ist es der Wind? »Der Hunger setzt Leere, das Leben Blindheit voraus. Was ist aber das, was die Blindheit durchbrechen, was sehen will? Was will sich ernähren, und was von der Finsternis befreien, und warum?«

Ich höre schärfer hinaus ins Land, aber nichts rührt sich, nur vom Meer her streicht es singend durch den Sanddornwald. Wenn die Sonne eines Tages nicht mehr aufgeht, wenn es über der Erde keinen neuen Tag mehr gibt, kein Morgenrot, kein Abendrot, nichts, was die Hoffnung des Menschen auf den kommenden Tag wachhält, was dann? Wie kann man für die Sonne sein, wenn man nicht für den Menschen ist? Und wieder höre ich an meinem Ohr diese Stimme: »Jede neue Sonne ist Bewußtseinsbereicherung. Im Bewußtsein allein ist der Mensch arm oder reich, jung oder alt, gesund oder krank, in ihm ist er glücklich oder unglücklich. Der Mensch wird nicht eigentlich geboren außer im Geist, er wächst nur im Geist, und was er von Wahrheit weiß, oder nicht weiß, ist ganz und gar beschlossen im Geist ...«

In den Büschen werden ein paar Vogelstimmen laut, noch aber hört es sich an wie ein verschlafenes Ziepen. Vom Meer her hebt sich ein leichter Morgenwind, kaum spürbar. Die Formen der Sanddornbüsche werden deutlicher, treten aus dem Nachtschatten heraus, die Zweige beginnen sich zu regen. Immer heller wird die Luft, ein unbeschreibliches Erwarten liegt über der Insel.

Am Horizont ein zarter Schimmer, lichtweiß. Die Streifwolken beginnen zu leuchten, das steigende Licht taucht sie in ein blasses Gelb, in Reseda und Purpur. Noch aber ist die Sonne unsichtbar, doch ihr Licht füllt bereits den Raum. Noch nie habe ich die Insel unter einer solchen Beleuchtung gesehen: im Westen das kalte Licht des Mondes, im Osten die Morgenröte.

Ich halte den Atem an, kein Vogellaut, kein springender Fisch, die Stille ist vollkommen. Aus dem Meer steigt ein Lichthof empor, eine Strahlenkrone flammt auf, eine wilde schreckliche Glut, ein kosmisches Feuer, das Meer blitzt wie ein riesiger Brillant, die Sanddornbüsche stehen voller feuriger Umrisse, die Buchten öffnen sich, die ersten Strahlenbahnen schießen über den Bessin. Jugendlich springt das Licht zwischen dem Sanddorn her und hin, die letzten Nebelfelder fliehen hinaus auf die See, wie eine graue Wand liegt vor meinen Augen das Schilf. Doch mit der Sonne kommt auch das Blau des Himmels zurück, ein Haushahn ruft in Grieben den Morgen aus, noch aber steht geisterhaft ein silberweißer Mond über dem schwarzen Wasser des Boddens. Die göttlichste Gabe des Lebens beginnt: das Schauen.

Das Buch entstand mit finanzieller Unterstützung des Kulturfonds der Deutschen Demokratischen Republik.